실화를 재구성한 안명기 가상 장편 소설

엄마의 아리랑

눈물 강 저 너머엔

도서출판 댕글

실화를 재구성한 안명기 가상 장편 소설

엄마의 아리랑

눈물 강 저 너머엔

초판 1 쇄 발행   2025년 10월 30일
지은이   안 명 기
편낸이   안 명 기
표지 디자인 백종민
편 집   댕글 편집부
펴낸 곳   도서출판 댕글
등 록   제 2022 - 000018호
주소 서울특별시 강동구 명일로 27길 31
지은이 직통전화   010 - 9449 - 6691
E-Mail: fame111222@naver.com

ISBN: 979-11-978756-9-4 (03810)

*가격은 뒤표지에 있습니다.
*이 책의 저작권은 저자와 도서출판 댕글에 있습니다.
*잘못된 책은 구입하신 서점에서 교환 가능합니다.

작가의 말

 본 작품은 실화에 기초한 가상 창작 소설이며, 등장인물과 사건, 배경은 각색되었으며, 특정 인물이나 단체와는 아무런 관계가 없음을 밝힙니다.

 이 소설은 한 어머니의 삶을 바탕으로 한 이야기입니다. 그 어려운 시대를 수많은 고통과 희생으로 살다가 간 바로 우리 어머니의 이야기입니다.

 어머니는 열다섯 꽃다운 나이에 아버지와 혼인을 맺었지만, 혼인의 즐거움도 가시기도 전에 아버지는 강제징용에 의해 일본 탄광으로 가게 됩니다. 그곳에서 숱한 죽을 고비를 겪으며 다달이 보내온 적지 않은 돈으로 큰아버지 집은 해마다 논밭을 사들였고 그 덕택으로 큰아버지 집은 형편이 나아졌지만, 우리 집은 그 반대였습니다. 어머니는 큰집에 가서 온종일 일을 했었으나, 품삯은 커녕 윗동서와 아랫동서들에게 모진 시집살이를 해야만 했습니다.

 해방 후 아버지가 얻어 온 것은 젊은 나이에도 불구하고 병든 몸이었습니다. 심한 진폐증과 만성폐쇄성폐질환이었습니다. 그 후 얼마 지나지 않아 동족상잔의 비극인 6.25 전쟁이 터지자 그렇지 않아도 초근목피로 근근이 연명해 가던 구차한 목숨조차도 온 국토의 초토화로 인해 그야말로 굶기를 밥 먹듯이 했던 아버지와 어머니. 그러나 살아야겠다고 살아야 한다고 자식들을 위해 꼭 살아야 한다고 발버둥 치던 아버지. 그 삶에 대한 애착과 가족에 대한 사랑을 뒤로한 채 아버지는 제가 초등학교(당시 국민학교) 2학년 때 결국 세상을 떠나게 됩니다. 남겨진 어머니와 올망졸망한 자식들, 어머니는 죽음보다 더 힘든 배고픔의 설움과 아픔을, 그리고 고난을 견디며 살아야만 했고, 그 어려움 속에서도 가족을 지키기 위해 모든 것을 바쳐야만 했습니다. 그러함에도 불구하고 어머니는 [아버지 없는 자식]이라는 말을 듣지 않도록 자식들 훈육에도 게을리하지 않았습니다. 어머니는 굳은 결단과 강한 의지로 가족을 이끌어 온 나는 어머니의 그 희생적인 삶에서 사랑을 배웠고 살아가는 힘을 배웠습니다.

이제야 알았습니다. 어머니는 강인하면서도 한편으로는 나약한 여인이었다는 것을….

철이 들면서 우리 어머니들의 내면에 쌓인 깊은 한을 들여다보고 싶었습니다. 그 한 속에 숨어 있는 가족을 위한 고귀한 희생이 바로 그 한을 다스리고 승화시키는 어머니의 사랑이었음을 이제야 알았습니다. 저는 어머니의 아픔과 희생을, 아니 사랑을 잊지 않겠다는 다짐을 담아서 이 이야기를 독자 제위님께 들려 드리고자 펜을 들었습니다. 한 시대를 살아온 한 어머니의 이야기가 아픔을 안고 살아가는 모든 이들에게 작은 위로가 되기를 소망하며 이제 그 이야기를 이제 시작하려 합니다.

장천고산 정(長川高山 亭)에서
저자 사문/ 안명기 拜

차례

임종/   011
엄마/   032
징용/   090

첫설/   179

6.25/   193

탈상/   211

프롤로그

 본 작품은 실화에 기초한 가상 창작 소설이며, 등장인물과 사건, 배경은 각색되었으며, 특정 인물이나 단체와는 아무런 관계가 없음을 다시 한번 밝힙니다.

 어머니는 늘 웃음 속에 숨겨둔 그늘진 아픔이 있었다. 혼인한 지 얼마 되지 않아서 아버지가 강제징용으로 일본 탄광으로 갔을 때, 어머니는 그 모든 걱정과 고통을 홀로 짊어지며 살아야만 했다. 아버지가 해방 후 병을 얻어 돌아오자, 어머니의 근심. 걱정은 깊어만 간다. 아버지의 병은 점점 악화되었고, 그러던 중, 6.25 전쟁이 터졌다. 쇠약해질 때로 쇠약해진 아버지는 내가 초등학교(당시 국민학교) 2학년 봄에 결국 세상과 이별하게 된다. 아버지가 돌아가신 후, 어머니는 남겨진 가족을 지키기 위해 그 누구보다도 강한 의지로 살아가야만 했다. 그 강한 어머니도 이미 세상을 떠난 아버지를 잊을 수가 없었고 그로 인해 마음에서 쉽게 놓아 줄 수가 없었던 탓에 일본 탄광에서 보내온 아버지의 편지만은 탈상 시에도 소각하지 않고 고이 품에 안고 있었다.

 어머니는 동서들의 시집살이와 하루하루의 날품팔이의 고된 삶 속에서도 가족을 위해 묵묵히 참고 또 참아야만 했다. 그러다가 내가 6학년이 되었을 때, 어머니는 윗동서와 아랫동서들의 시집살이도 시집살이였지만, 그보다도 자식들을 위해 마침내 고향을 떠나 도회지로 나가기로 굳은 결심을 한다. 그제서야 비로소 어머니는 가슴 깊숙이 품어오던 깊은 한을 내려놓을 수 있었다. 이 소설은 고난 속에서도 굳건히 살아온 어머니의 삶을 통해, 진정한 희생과 사랑을 조명해 보고 싶어서 이 이야기를 쓰게 되었다.

헌시

어머님 영전에

세월이 흘러도 지워지지 않는
그 손길 그 음성 그 눈빛이
아직도 제 가슴에 살아 있습니다

밤이 깊어 오면 창가에 기대어
그리움을 달래 보지만
바람결에 스며든 목소리만
멀리서 들려 옵니다

이 한 몸 어디에 있어도
당신의 품보다 따뜻한 곳은 없고
이 마음 어디를 향해도
당신의 사랑보다 깊은 곳은 없습니다

이 못난 자식은
오늘도 당신을 그리워하며
당신을 향한 제 마음을 담아
영전에 이 책을 바칩니다

제 1 회
임 종

1

　아리랑 아리랑 아라리요.
아리랑 고개고개로
나를 넘겨주소.

　누~우 이~이 올라나 비가 올라나 장마가 질라나
앞산에 먹장구름 모여모여 든다.
싸리골 올동박이 다 떠내려간다.
떨어진 동박이는 낙엽에나 싸이지.
사시장철 님 그리워 나는 못 살겠네.

　하~안 마~느은 이 세상 야속한 님아,
정을 두고 몸만 가니 눈물이 난다.
아무렴 그렇지 그렇고 말고,
한 오백 년 살자는데 웬 성화요.

　처~어 추~우에춘에 짓밟힌 애끓는 사랑
남은 반생을 어느 곳에 다 뜻 붙일꼬.
아무렴 그렇지 그렇고 말고,
한 오~오 배~엔 년 살자는데 웬 성화요.

엄마는 말을 많이 하지는 않았지만, 가끔 한(恨) 서린 목소리로 토해내는 아리랑과 한 오백 년은 듣는 이로 하여금 가슴을 쥐어짜게 한다. 철이 들 때쯤부터 들어보는 엄마의 절규 서린 아리랑과 한오백년은 가슴 한쪽에 응어린 그 무엇인가를 토해내듯, 내뱉는다. 무슨 한이 그리 많은지 부르게 되면 한 곡만 부르는 것이 아니라 늘 아리랑과 한 오백 년을 이어서 부른다.
 내가 엄마의 구성진 목소리로 부르는 아리랑과 한오백년을 처음 들었을 때가 아마도 초등학교 2학년 봄쯤인 것 같다.
 이때쯤이면 일 년 중 살기가 가장 힘들다는 보릿고개다. 그 지긋지긋한 보릿고개를 넘지 못해서 굶어 죽는 사람들도 참 많았다. 가을에 추수한 곡식으로 장래 빚을 갚고 나면 겨울나기란 여간 어렵지가 않다. 그래서 다시 장래 빚을 낼 수밖에 없다. 가난한 농촌 마을은 이러한 굴레를 벗어나기란 참으로 어려웠다.
 낙동강을 끼고 살아가는 이곳 배미기 강촌 사람들의 삶도 예외는 아니지만 그래도 강물을 끌어 올려 농사를 지을 수 있는 이곳 사람들의 삶은 조금 나았다.
 하지만 그것도 논마지기나 가진 사람들에게만 해당하는 말이다. 그중에서도 특히 우리 집의 형편은 말이 아니다. 내가 태어나기 전부터 아버지는 보릿고개가 찾아 들면 남의 집 일꾼으로 들어갔다. 그러다가 아버지의 성실함에 주인의 배려로 그 집의 논밭을 소작으로 하게 된 것도 불과 몇 해 전부터의 일이다. 그마저도 소작료로 내고 나면 겨울나기가 참으로 힘들었다. 무척 부지런했던 아버지는 한겨울인 농한기에도 노는 일이 거의 없다. 남들은 투전판이나 주막에서 어울릴 때도 아버지는 가마니를 짰다.
 "칠성 아제는 금방 부자 될껍니더. 저리 부지런하니…."

이유는 잘 모르지만, 사람들은 아버지를 칠성 아제라고 불렀다. 그때마다 아버지는 피식하고 웃어넘긴다. 아버지의 그러한 부지런함 덕분에 두 해 전 봄에는 꽤 괜찮은 밭 두 마지기 반짜리도 샀다. 그때 아버지와 엄마는 밤새워 감격의 눈물을 흘렸다.

"쿨룩~ 여보, 당신이 고생 마이 했어요. 쪼매만 만 더 참아 봅시더."

"무슨 말씀을요. 이게 다 성호 아부지 덕분 아닙니꺼? 당신이 그리 고생만 하시더니…."

그러던 아버지가 지난해 봄부터 병환으로 앓아누웠다. 보리싹이 파릇파릇 돋아 오를 즈음에 보리밭 김을 매다가 갑자기 자지러질 듯이 배가 아파 읍내병원에서의 진단 결과 급성 맹장염이라 했다.

입원 후 나중에는 간경화라는 무시무시한 병명도 추가로 진단을 받았다. 아버지는 늘 기침을 달고 살았기에 의아해했지만, 의사의 말이라 믿을 수밖에 없었다.

그길로 곧바로 병원에 입원했다. 어느덧 입원한 지도 일 년이 조금 지났다. 집안 형편이 조금 나아지는가 싶더니 아버지의 병환으로 인해 다시 쪼그라들었다.

나보다 다섯 살 위인 둘째 형은 아버지가 병으로 입원하자 작년에 중학교 1학년을 중퇴하고 30리 떨어진 읍내 중국 요리집에 배달부로 취직을 했다. 돈을 번다는 것보다도 입을 하나 덜어낸다는 절박한 심정으로 중국집 배달부로 간 것이다.

또한, 나보다 여덟 살이나 많은 큰형은 아버지가 병환으로 앓아눕기 전부터 초등학교만 졸업하고 서울에 있는 정미소에 취직했고 쌀 배달 일을 주로 했다. 처음 서울 정미소에 취직하기 전에 평택 어느 곳에서 양계장 일을 했다. 한겨울에는 칼날 같은 북풍한설을 맞으면서 돌덩이처럼 꽁꽁 얼어붙은 닭똥을 치우는 일은 정말 힘들었다. 그러다가 손과 발에 동상이 심하게 걸려 도저히 농장 일을 더는 할 수 없게 되자 하는 수 없이 일 년 반 만에 시골집으로 내려왔다.

"아이고, 내 새끼, 이리 동상이 걸린 손발로 우예 그런 어려운 일을 다 해 냈노?"

큰형의 언 손과 발가락 사이사이에서 진물과 고름이 뒤엉켜 나오는 것을 보고 엄마는 억장이 무너지는 것 같았다.

"흑! 흑! 이래서 우예 살았노? 불쌍한 내 새끼."

큰형은 두 손을 잡고 엎드려 엉엉 우는 엄마를 일으켜 세우며 울먹인다.

"어, 어무이! 그, 그만 우시소. 지는 괜찮습니더."

엄마는 형을 빤히 쳐다보며 두 손으로 얼굴을 쓰다듬는다. 그러다가 이내 다시 울음을 터뜨린다.

"흐! 흑! 흑! 불쌍한 것."

이때까지만 해도 아버지는 남의 집 일을 마치고 오면 빌려온 가마니틀로 짠 가마니를 읍내에 내다 팔았던 덕에 겨우겨우 입에 풀칠하면서 겨울을 날 수 있었다. 아버지는 화롯불을 토닥거리며 헛기침을 한다. 순간 엄마의 날카로운 두 눈이 아버지를 향해 쏘아본다.

"이, 이게 다 성호 아부지 땜에 이리된 게 아인교?"

"……."

"뭐, 뭐라 캤는교? 큰집이 잘살면 형제들이 다 잘 산다꼬 안했는교?"

아버지는 할 말이 없었던지 큰형의 어깨를 가볍게 두들긴다.

"쿨룩~. 성호야! 수고 쿨룩~ 했데이. 퍼뜩 나아야 할 낀데….”
엄마가 다시 버럭 소리를 지른다.
"와요? 손발 다 나으면 남의 집에 또 팔아 먹을라꼬?”
"아, 아니 이 사람아! 팔아먹긴 쿨룩~ 누가 자슥을 팔아먹다고 그라노? 사회에 나가면 이런 일 저런 일 많이 안 생기나? 쿨룩~ 쿨룩.”
엄마가 발끈하며 무슨 말을 하려고 하자 큰형이 말린다.
"어무이요. 아부지 말씀이 맞심더. 살아가면서 이런 일은 아무것도 아닙니더. 걱정 마시소.”
그해 겨울은 가족끼리 그렇게 집에서 지냈다. 겨울이 지나자 춘궁기가 왔다. 겨울 동안 열심히 가마니를 짜서 판 것과 형이 조금 모아온 품삯으로 하루 한두 끼 정도는 보리밥으로 때울 수 있어서 조금은 여유 있게 보릿고개를 맞이할 수 있었다. 그러는 사이 개울가 버들가지에는 물이 오르기 시작했고 겨울 동안 잠자던 개구리는 긴 하품을 하며 한 마리 두 마리 깨어나기 시작한다. 마냥 집에만 있을 수 없었던 큰 형은 전에 일하던 농장에서 알고 지내던 사람에게 기별을 넣었고, 이내 연락이 왔다. 서울 용산에 있는 어느 정미소에서 사람을 구한다는 것이다. 큰형은 앞뒤 가릴 것도 없이 엄마의 만류도 뿌리친 채 곧바로 서울로 떠났다. 큰형이 서울로 떠난 후 얼마 되지 않아서 아버지가 병원에 입원했고 병원비는 큰형이 어렵게 일하며 몇 푼씩 보내오는 돈으로 감당했으나 그 많은 병원비를 충당하기에는 턱없이 부족했다.

구름 한 점 없는 늦봄의 하늘은 한여름의 하늘과는 사뭇 달랐다. 겨우내 얼었던 만물을 소생시키고 졸~졸~졸~ 흐르는 개울가에 하얗게 피어나는 버들강아지들의 향연이 지나가면 어느덧 늦봄이다. 내리쬐는 햇볕은 그리 따갑지는 않지만, 들녘에서 일하는 농부들의 등줄기에서는 송골송골 맺힌 땀방울이 송충이처럼 스멀스멀 기어 다니는 듯하다.

가끔 불어오는 봄바람은 길가는 나그네의 목마른 갈증을 시원하게 풀어주는 한 바가지의 물과 같았다. 5월 중순의 들녘은 온통 누렇게 익은 보리로 인해 황금빛으로 물들었다. 이미 베어버린 보리밭으로 인해 군데군데 이가 빠진 듯한 곳도 더러 있지만 보리 베기는 지금부터가 한창이다.

도도히 흐르는 낙동강의 거대한 물줄기는 한민족의 정기와 역사의 구슬픈 질곡을 지고 큰 바다를 향해 한없이 한없이 흐르고 있다. 배미기 강촌 사람들에게는 젖줄과도 같은 낙동강!

그리 넓지 않은 들판에서 나는 보리나 밀 수확은 봄을 근근이 지탱할 수 있는 유일한 생명줄이다. 해는 어느새 점심때를 지나서 오후 새참 시간도 지난 지 꽤 되었지만, 엄마는 새참도 거른 채 쉬지 않고 보리 베기에 한창이다. 아버지가 수년 동안 남의 집 일꾼으로 살면서 아득바득 모은 끝에 겨우 마련한 우리 집 유일한 전 재산이다. 엄마 혼자 베는 탓에 일이 좀처럼 줄어들지 않는다. 이마에 송골송골 맺힌 땀방울을 닦으려고 길게 '휴~'하고 한숨을 내쉬며 허리를 폈다.

순간, 햇볕에 그을린 누런 엄마의 낯빛이 흙빛으로 변하며 온몸은 장승처럼 꼿꼿하게 굳는다.

"아~ 서, 성호 아부지!"

마을 어귀 쪽에서 붉게 타는 해를 등지고 자전거 그림자를 앞세워 급히 달려오는 사람이 있었다. 사촌 형이다. 엄마의 나이가 마

혼여섯이고 사촌 형의 나이가 서른둘이다. 아버지 위로 큰아버지와 고모 둘 그 아래로 작은아버지 둘이 있다.

사촌 형은 큰아버지의 장남이면서 집안의 종손이다. 그 아래로 여동생과 남동생이 둘 있다. 사촌 형은 열두 살 된 딸과 두 살 터울로 된 아들을 두었다.

"성호 아부지! 아, 아직은 안됩니더."

그러나 엄마의 예감이 빗나간 적이 거의 없다. 틀림없이 다급히 아버지의 소식을 전하기 위해 이곳까지 달려온 것이 분명하다.

일 년 전, 아버지가 병원에 입원한 이후로 엄마는 이틀에 한 번씩 미숫가루나 미음을 만들어 병원으로 갔다. 물론 걸어서 다녔다. 그러다가 조금이라도 시간이 나면 남의 집 품팔이를 해가며 어린 우리를 건사했다. 어제 오후 병실을 나올 때 유난히 발걸음이 무거웠던 엄마다.

"크~ 르~ 르~ 르, 큭."

가래가 목구멍까지 차올랐으나 뱉어낼 힘이 없어 안간힘을 쓰는 것을 보면서 차마 발길이 떨어지지 않았다. 억장이 무너지는 듯한 아픔을 삼키면서 소리 없이 흐르는 눈물을 저고리 옷고름으로 훔쳐내면서도 어쩔 수 없이 무거운 발길을 옮길 수밖에 없었다. 늘 마음의 준비를 하고 있었지만 그래도 급히 달려오는 사촌 형을 보자 마음이 천 갈래 만 갈래 찢어질 것만 같았다.

지난가을에도 엄마가 남의 집 품앗이하는 중에 사촌 형이 급히 달려온 적이 있다. 아버지가 아주 위독하다는 소식을 전하려고 급히 달려온 것이다. 그러나 그때는 힘겹게 큰 고비를 넘겼다.

급히 도착한 사촌 형은 자전거에서 내리는 둥 마는 둥 하며 엄마 앞에 쓰러지며 울먹인다.
"으! 흐! 흑! 숙, 숙모님요! 우예만 좋습니꺼? 작은아버지가 오늘을 못 넘긴다꼬 합니더. 으! 흐! 흐! 흑."
엄마는 사촌 형의 울부짖음에 정신을 차리며 떨리지만 차분한 음성으로 사촌 형을 달랜다.
"미숙 애비! 그만 진정하게."
"수, 숙모님요. 으! 으! 흑."
"자, 일어나 집으로 가세."
사촌 형은 울다 말고 엄마를 올려다본다. 어릴 때 사촌 형이 동네에서 맞고 들어오는 날이면 엄마가 가서 큰 엄마 대신 혼내주곤 했다. 그뿐만 아니라, 다른 숙모들한테 혼날 때면 늘 감싸주던 엄마다. 사촌 형은 그런 엄마를 늘 고맙게 생각했다. 반면에 엄마가 손윗동서나 손아랫동서들에게 시집살이를 당해 끼니를 거를 때면 사촌 형은 아무도 몰래 누룽지나 감자를 갖다 주곤 했다.
"숙, 숙모님요. 곧바로 병원으로 안 가실 겁니꺼?"
"새끼들도 데리고 가야지. 자네 숙부도 어린 새끼들 보기 전에는 눈을 감지 않을 걸세."
엄마는 집에서 놀고 있던 나와 동생 둘을 사촌 형이 모는 달구지에 태운 후 급히 읍내병원으로 향했다.
달구지를 끄는 소의 걸음이 느려지면 소 엉덩이에 찰싹찰싹 채찍을 가했다. 해가 서산에 걸리기 전, 노루 꼬리만큼 남았을 때, 출발했는데 병원에 도착하니 어느덧 길이 잘 보이지 않을 정도로 어두웠다. 그러나 병원 안으로 들어서자 이곳저곳에서 흘러나오는 전등 불빛으로 인해 대낮처럼 밝았다. 책에서만 보아왔던 전깃불을 직접 보니 참으로 신기했다. 하얀 가운을 입은 간호사를 따라

긴 복도 맨 끝에 있는 병실 앞에 다다랐다.

엄마는 잠시 눈을 감고 마음을 진정시키는 것 같았다. 이내 병실 문을 열고 들어갔다. 그리 넓지 않은 병실에는 이미 가까운 친척 몇몇이 와 있다. 병실에는 두 개의 병상이 나란히 있고 오른쪽 병상에는 놀랍게도 큰형이 누워있었다. 큰형도 연락을 받고 급히 달려온 듯했다.

큰형은 오른손으로 왼쪽 병상에 송장처럼 누워있는 아버지의 왼손을 꼭 잡고 어렴풋이 잠이 든 듯했다.

아버지의 몰골은 말이 아니다. 두 눈은 우물처럼 움푹 패어 쑥 들어갔고 양 볼 또한 골짜기처럼 깊은 골이 져 있었다. 팔다리는 가늘 대로 가늘어 어린아이의 팔다리와 같았다.

코 양옆으로 길게 늘어진 산소마스크가 약간씩 움직이는 것으로 보아 간신히 호흡하고 있음을 알 수 있었다. 두 눈을 감고 있는 모습이 완전히 해골과 흡사했다.

엄마가 병실 문을 열고 들어서자 친척들이 엄마를 쳐다보며 나지막이 울먹인다.

"혀, 형수님요."

"아, 아지매요. 이일을 우얍니꺼."

엄마의 귀에는 이러한 말들이 하나도 들리지 않았다. 엄마는 쓰러지듯 곧바로 아버지의 병상으로 달려갔다.

"서, 성호 아부지. 정신 좀 차리소. 눈 좀 떠 보이소."

그러나 아버지는 두 눈을 감은 채 가뿐 숨소리만 미미하게 몰아쉴 뿐이다.

"서, 성호 아부지 꼭 일어나야 됩니데이. 새끼들 장개 시집가는 것 봐야 안됩니꺼?"

옆에 서 있던 막내 작은아버지가 엄마를 일으켜 세운다.

"형수님요. 인자 고마, 진정하시소. 성님은 조금 전에 성호 피를 공급받고 막 잠들었소."

그제야 큰형이 아버지의 손을 꼭 잡은 모습이 눈에 들어온다. 엄마는 잠들어 있는 큰형에게 다가가 장작개비 같은 손으로 얼굴을 어루만지며 하염없이 눈물만 흘린다.

"이 불쌍한 새끼들을 우예 할꼬. 흑! 흑! 흑!"

이때 덜컹하는 소리와 함께 병실 문이 열리며 할머니가 들어온다. 할머니는 아버지가 입원하고 반년 정도는 하루도 **빠짐없이** 병실을 지켰다. 그러나 아버지가 위중한 이후로는 단 한 번도 병원에 오지 않았다. 갈수록 더욱 고통스러워하는 자식의 모습을 차마 더 지켜볼 수가 없어서였다. 하지만 오늘은 달랐다. 자식이 오늘내일한다는 소식에 한걸음에 급히 달려온 것이다.

몰골이 송장처럼 변한 아버지의 모습에 할머니의 마음도 찢어질 것만 같았다. 그러나 크게 내색하지 않았다. 엄마는 할머니를 보자 다시 격한 감정이 복받쳐 올랐다.

"어무님! 이제 우옙니꺼? 성호 아부지, 꼭 좀 살려 주이소. 으! 흐! 흑."

할머니는 한동안 말이 없다. 오로지 한숨만 내 쉴 뿐이다.

"으! 흐! 흐! 흑! 어무님 무슨 말씀 좀 해 보이소. 흑! 흑! 어무님 자슥 아닙니꺼. 으! 흐! 흑!"

할머니는 흐느끼는 어머니 어깨를 감싸 안는다.

"에, 에미야! 미안타. 내가 전생에 죄가 많아서 자슥을 먼저 보내는 갑다."

"으! 흐! 흐! 흐…. 흑."

2

　시간이 흐르자 병실을 지키던 사람들은 저마다 자리를 차지해 잠시 눈을 붙인다. 그러나 큰형은 아버지 옆에 앉아 팔다리를 주무르고 있다.
　"아부지, 반, 반드시 일어나야 합니더. 꼭 그래야 합니더. 내일 더 큰 병원으로 모실 겁니더. 지가 아부지 꼭 살려낼 겁니더. 그러니 부디 힘내시소. 아부지요."
　큰형의 이러한 흐느낌과 함께 시간도 흘러 밤은 깊어만 갔다. 초저녁에 잠이 들었다는 아버지는 얼마간에 시간이 흘렀음에도 좀처럼 눈을 뜨지 않는다. 오히려 숨소리가 더 약해지는 듯했다. 그 사이에 간호사와 의사가 두어 번 다녀갔지만 별다른 조치도 취하지 않았다. 이미 오늘 밤을 넘기기 어렵다는 선고나 다름없었다.
　덩그렁! 댕그랭!
　밤 2시를 알리는 벽시계의 괘종소리다. 병실 한쪽에 걸린 괘종시계만 외로이 제 할 일만 하고 있다. 엄마는 조금 전 큰형이 누워있던 병상에 누워 잠시 눈을 붙이고 있는 듯했다.
　이때, 덜컥하며 병실 문이 열리며 7촌 당숙인 일규 아저씨가 들어온다. 큰형과는 동갑내기다. 어릴 때부터 어울려 다니며 형제처럼 자랐다. 큰형이 자리에서 천천히 몸을 일으킨다.
　"아, 아제! 일규 아제."
　일규 아저씨는 수심이 가득한 얼굴로 다가온다.

"그래 성호야! 니가 고생이 많데이. 그라고 니 한테 할 말이 있는데 도움이 될란가 모르겠데이."

일규 아저씨가 이토록 서두르는 것을 보니 무척 중요한 일인 것 같았다.

"일규, 아, 아제! 뭔데? 퍼뜩 말해 보소."

어느샌가 병실 안 사람들은 졸던 잠에서 깨어나 일규 아저씨의 입만 바라보고 있다. 엄마도 일어나 병상에 걸터 앉아 있다.

"아, 아지매요! 너무 늦었지만 괜찮은 소식 가지고 왔심더."

"그…. 게 무슨 말인가? 퍼뜩 말 좀 해보시게."

큰형도 다그치듯 거든다.

"아… .아제요! 말 좀 해 보소. 퍼뜩!"

일규 아저씨는 급히 숨을 몰아쉬며 빠르게 말을 이어간다.

"다를 들어 보시소. 김천 지례라는 곳에 가면 죽은 사람도 살릴 수 있다는 사자수라는 약물이 있답니다. 그것을 먹는 사람은 죽은 사람도 그 자리에서 바로 벌떡 일어난다 캅니다."

모든 사람이 갑자기 웅성거리기 시작한다.

"뭐라고? 참말이가?"

"그런게 어디 있다고 그라노?"

"동상! 어디서 헛소리 듣고 온 것 아이가?"

다들 믿을 수 없다고 웅성거림에도 불구하고 엄마는 어느새 일규 아저씨의 옷자락을 붙잡고 늘어진다. 아마도 지푸라기라도 붙자고 싶은 심정일 것이다.

"아…. 아제 일규 아제 그 말이 참말인교?"

"아지매요. 지도 지금 듣고 급히 달려 오는겁니더. 다 죽어가던 상지골 윤식이 아부지가 그 사자수를 마시고 바로 얼마 전에 일어났다 캅니더. 처음에는 윤식이 아부지도 안믿었답니더."
 순간 큰형의 두 눈이 반짝 빛났다.
 "어무요! 지가 지금 당장 가서 구해 올랍니더."
 엄마가 무슨 말을 하려고 했으나 일규 아저씨의 말이 먼저 튀어 나왔다.
 "뭐라꼬? 지금 이 시간에 성호 니가 간다꼬?"
 "아제! 당연히 내가 가야 안 되나."
 옆에 있던 작은아버지가 나선다.
 "성호야! 니는 피를 빼지도 얼마 안 되는데 네가 가는 것은 무리데이. 그라고 성님이 우예 될지도 모르는데."
 이곳저곳에서 만류하는 소리가 들려 온다.
 "그래. 니는 안 되는 기라. 가기도 전에 쓰러 질낀데,"
 "맞데이. 니는 안된다."
 큰형이 버럭 소리를 지른다.
 "그라모 아부지를 그냥 돌아가시게 내두란 말입니꺼?"
 이때 일규 아저씨가 나선다.
 "성호야 내가 댕겨 올테니 성님 잘 보살피고 있거래이."
 큰형이 고개를 절레절레 흔든다.
 "아제, 그건 안된데이. 내가 퍼뜩 댕기 올테니 아부지 좀 지키 주이소."
 일규 아저씨가 다시 우기며 나선다.
 "니 댕겨올 동안 성님이 잘못될 수도 있을낀데 니가 이곳을 지켜야 안 되겠나?"
 큰형이 다시 뭐라고 하려고 하자 엄마 먼저 끼어들었다.
 "아제! 아제가 여기를 지키게."

아버지를 바라보는 큰형의 마음은 갈가리 찢겨 나가는 듯했다.

"아부지! 지가 아부지 꼭 살려 낼겁니더. 퍼뜩 댕겨오겠심더. 힘들더라도 쪼매만 참고 힘내시소."

큰형은 잡았던 아버지 손을 스르르 놓으며 힘겹게 일어선다. 이미 아버지의 손에서는 미미한 힘마저 느낄 수 없었다. 마음은 한없이 바빴으나 떠나려는 발길은 천근만근보다도 무거웠다. 가슴 깊이 복받쳐 오르는 서러움과 두 볼을 타고 흐르는 눈물을 주체할 수 없었다.

"으! 흐! 흐! 흑! 어무요. 지가 무슨 일이 있더라도 꼭 구해 올겁니더. 그때까지 아부지 꼭 붙잡고 계시소."

엄마도 아무 말 없이 눈물만 흘린다. 엄마는 안다. 큰형이 사자수를 구해 온다고 한들 이미 늦었다는 것을……. 그래도 남은 한은 없어야 했기에 일규 아저씨보다는 큰형을 가라고 한 것이다. 큰형은 그길로 곧바로 김천으로 향했다. 야간 통행 금지 관계로 파출소로 가서 손등에다 밤에도 통행할 수 있는 손도장을 찍고 난 후, 일규 아저씨가 옆 동네에서 빌려 타고 온 고철 같은 오토바이에 급히 올라타자마자 즉시 시동을 건다.

부릉! 부릉! 부르~ 르~ 릉!

개굴개굴 초저녁 들녘에서 미미하게 들리던 개구리 울음소리가 밤이 깊어 갈수록 더욱 크고 선명하게 들리는 듯하더니 이윽고 점점 멀어져 간다.

시간은 어김없이 흘러서 어둠이 조금씩 조금씩 걷히며 새벽을 향해 치달리고 있다. 지난밤부터 불규칙하게 오르락내리락하던 아버지의 혈압은 새벽 5시쯤이 되어서야 조금 안정을 되찾았다.

이때. 아버지 곁을 꼭 지키고 있던 일규 아저씨의 다급한 음성이 병실에서 눈을 붙이고 있던 사람들을 모조리 깨웠다.

"서, 성님이 눈을 떴심더. 소 손에도 힘이 들어 갑니더."

"뭐, 뭐라꼬? 동상이 누 눈을 떴다꼬?"

모두 아버지에게로 우르르 몰려들었다.

아! 정말로 기적은 일어날 수 있단 말인가? 모두 기적을 바라고 있다. 너무나 많은 고생을 했던 아버지기에, 엄마와 혼인을 맺자마자 일본 탄광에 끌려가 죽을 고비를 수차례나 겪었던 아버지임을 동네 모든 사람은 잘 알기에 더욱더 기적이 일어나기를 바랐다. 아버지는 조금 전까지의 고통스러워하던 모습은 사라지고 아주 평안한 모습의 얼굴이다. 가느다란 미루나무 작대기 같은 팔을 들어 올리려 안간힘을 쓴다. 엄마는 아버지의 이마와 얼굴을 만지며 급히 입을 연다.

"서, 성호 아부지! 정신이 좀 듭니꺼? 지가 누군지 알겠습니꺼?"

큰아버지도 아버지의 볼을 만지며 떨리는 음성으로 말했다.

"도, 동상 내가 누군지 알아보겠는가?"

아버지는 말귀를 알아들었다는 듯이 입가가 약간 위로 올라간다. 그리고 온 힘을 다해 고개를 보일 듯 말 듯 고개를 끄덕인다. 무척 힘들어 보였으나 얼굴은 평온해 보인다.

"서, 성님 지를 알아보겠심니꺼?"

일규 아저씨의 말에 고개를 옆으로 돌리며 미미하게 입술을 움직인다. 사람들의 모습 하나하나가 아버지의 눈동자에 고스란히 비친다. 축 늘어져 있던 팔을 일규 아저씨가 병상 위로 끌어 올리자 안간힘을 쓰며 실낱같은 힘으로 손을 잡았다.

"서, 성님이 지 손을 잡았심더."

큰아버지 손도 작은아버지 손도 묵골 종규 아저씨의 손도 일일이 잡았다. 그제야 모인 사람들은 알았다. 아버지가 떠나시기 전에 이승에서의 마지막 작별인사를 나누고 있다는 것을….

아버지는 할머니를 찾는 듯했으나, 할머니는 자식을 앞세우는 것을 볼 수 없다고 밖으로 나가서 들어오지 않았다.

"동상! 쪼매 먼저 가서 잠시만 기다리게. 내 바로 뒤따라 가겠네."

큰아버지의 손과 작은아버지의 손을 한동안 잡고 놓아 주지를 않는다. 아버지를 바라다보며 한없이 울고 있는 엄마를 보며 큰아버지가 입을 연다.

"제수씨! 마지막이니 애들하고 다 들어 오라카소."

엄마는 어른들 옆에서 아무것도 모르면서 따라 울고 있는 6살 된 여동생과 나를 불러 세웠고 옆 병상에서 마구 뒹굴고 있는 세 살배기 남동생은 엄마가 안았다.

"서… 성호 아부지요. 지를 알아보겠심니꺼?"

어린 자식과 엄마를 보자 아버지의 두 눈에서 눈물이 양 눈가를 타고 흘렀다.

"서, 성호 아부지! 쪼매만 참으면 성호가 죽은 사람도 살린다는 약물을 곧 가지고 올겁니더. 힘들더라도 쪼매만 참으시소."

엄마는 막냇동생을 아버지 얼굴에 내밀었다. 아버지는 힘겹게 입술을 달싹거리며 막냇동생 볼에다 입을 맞춘다.

"앙~ 앙~ 앙~ 아, 아 부우 지~이…….."

막냇동생의 어눌한 말이 주위를 더욱 숙연하게 만들었다.

"미란아, 아부지께 인사 드리거래이."

엄마는 여동생 미란이의 손을 끌어당긴다.

"엉! 엉! 엉! 아부지 많이 아파?"

아버지는 사랑하는 딸 미란이의 볼에도 힘겹게 입을 맞춘다. 또 다시 주르르 눈물을 흘린다. 오른손으로는 미란이의 얼굴을 한번 두번 쓰다듬는다.

"엉! 엉! 엉. 아, 아부지 왜 그래? 빨리 집에 가자. 응?"

나도 아버지 옆으로 한발 다가갔다. 뼈만 앙상하게 남은 아버지를 보자 어린 마음이지만 너무나 가슴이 아팠다. 아버지의 손을 꼭 잡았다. 아버지는 동생들과 마찬가지로 내 볼에도 힘겹게 입맞춤을 했다.

"으~흑! 아, 아부지. 흑흑……. 내가 꼭 의사가 될게. 그래가 아브지처럼 아픈 사람들 고쳐줄게. 빨리 눈 좀 떠봐. 아부지. 엉! 엉! 엉"

대견하다는 듯이 고개를 끄덕이는 것 같았다. 아버지의 시선이 다시 엄마에게 멈춘다.

"흑! 흑! 흑! 성호 아부지! 조금만 힘을 내시소."

아버지는 보일 듯 말 듯 하게 고개를 힘들게 좌우로 흔든다. 그리고는 무슨 말을 하려는지 입술을 움직인다. 가까스로 손을 들어 엄마의 얼굴을 쓰다듬는다. 엄마는 얼른 아버지의 입에 귀를 갖다 댄다.

"서, 성호 아버지요. 무슨 말이 든 해 보이소."

아버지는 목구멍 깊은 데서 가래 끓는 소리를 토해내며, 가쁜 숨을 몰아쉬었다. 입술이 파르르 떨리더니 목이 막혀 오는 듯한 쉰 소리 속에서 겨우 입술이 열렸다.

"그, 그동안 고, 고생만 시켜 미안하오."

짧게, 짧게 끊기는 숨 사이로, 목을 쥐어 짜는듯한 듯한 쇳소리가 섞여 나왔다.
 "당신, 참 많이 사랑했어요. 우리 애들도 아주 많이 보고 싶을 거요. 특히 우리 막내 진호가… ."
 마지막 순간, 숨이 탁 끊기는 듯한 가래 소리를 타고, 겨우 다시 한 마디 흘러나온다.
 "사 랑 했 어 요. 커억."
 이 말이 끝남과 동시에 힘없이 고개가 왼쪽으로 툭 하고 떨구어졌다. 순간 병실 안은 온통 울음바다로 변했다.
 "으~ 으! 흐! 흑, 서, 성호 아부지 안 안됩니더. 쪼매만 기다리면 성호가 옵니더. 안됩니더. 으! 흑! 흑. 이리 가버리면 새끼들은 우짭니꺼. 아~ 아~ 으흑,"
 "동상! 잘 가게."
 "으! 흑! 흑! 성님, 부디 좋은 곳으로 가시소."
 "흑! 흑! 아제요. 왜 이리 빨리 가십니꺼?"
 이때,
 병실을 향해 급히 달려오는 발소리가 요란하게 들린다. 둘째 형 강호 형이다. 둘째 형 또한 급히 연락을 받고 늦은 밤에 잠자는 뱃사공을 불러 낙동강을 건너 이곳까지 밤새껏 한걸음에 달려왔다. 병실을 들어선 순간 둘째 형은 직감했다.
 "으~흐! 흑! 흑! 아, 아부지 아 안됩니더. 이리 허무하게 가시면 안됩니더. 둘째 강호가 왔습니더. 눈 좀 떠 보시소. 아부지요."
 작은 형은 아버지의 식어가는 몸을 끌어안고 목이 찢어지듯 울부짖었다.
 "으…호으윽, 아부지. 제, 제발 눈 좀 떠 보시소. 제발 단 한 번만이라도 지 얼굴 좀 봐 주이소."

목구멍에서 터져 나오는 울음은 흐느낌이 아니라 거의 비명에 가까웠다. 콧물과 눈물이 뒤섞여 얼굴을 흠뻑 적시고, 말끝마다 울음이 끊겨 뭉개졌다.

그 절규는 병실 안을 가득 메우며, 마치 아버지의 혼을 붙잡으려는 마지막 몸부림 같았다. 아직은 온기가 남아 있는 아버지를 껴안으며 섧게 섧게 운다. 아버지는 어디를 가든지 지게 위에 태우고 다니던 둘째 형이다. 어릴 때부터 공부도 잘 했고 특히 그림을 잘 그렸던 덕분에 동네 어른들로부터 칭찬이 자자했던 둘째 형이다. 연필을 이용한 동네 사람들 얼굴 초상화나 먹으로 그리는 동양화는 많은 사람들의 감탄을 자아내게 했던 둘째 형이다.

작은아버지가 작은형의 어깨를 토닥거린다.

"강호야! 실컷 울거래이. 어린 네 마음이 어떻겠노? 법 없이도 살 분이었던 니 아부지 아니, 성님은 좋은 곳으로 가셨을 게다."

"으~ 흐! 흐! 흑! 아, 아… 아부지, 아부지. 으~ 흐~ 흐! 흑."

작은아버지도 울먹이면서도 슬픔을 참느라 말을 제대로 이어가질 못한다.

이때 다시 밖에서 시끄러운 소리가 들리는가 싶더니 문을 박차고 김천으로 사자수를 구하러 갔던 큰형이 금방이라도 숨이 넘어갈 듯 몰아쉬며 들어온다. 시커먼 코르덴 바지 이곳저곳에는 구멍이나 있었고 그곳에서는 새어 나온 피가 서로 뒤엉겨 있는 것으로 보아 큰형의 몸은 만신창이가 되어있는 듯하다.

"아, 아부지는?"

말도 채 끝맺지 못하고 형은 그 자리에 우뚝 멈춰서고 만다. 동시에 손에 들려진 작은 병 두 개가 바닥으로 굴러떨어진다.

"아……. 아부지 안됩니다. 참말로 이러시면 안됩니다. 지가 죽은 사람도 살려낸다는 사자수를 구해 왔십니다. 눈 좀 떠 보시소. 아부지."

엄마는 큰형을 끌어안으며 대성통곡을 한다.

"흑! 흑! 흑! 서, 성호야! 우야면 좋노? 니, 아, 아 부지는 니를 만나는 것보다 먼 길 떠나는 것이 더 급했나 보다. 흑! 흑! 흑."

큰형은 바닥에 힘없이 털썩 주저앉는다.

"으~흑! 흐! 흑! 아, 아부지. 아부지. 아부지요. 아아……. 흑! 흑! 흑! 이대로 보내 드릴 수는 없습니다. 으으흑."

그러잖아도 억지로 슬픔을 억누르고 있던 친지들도 또다시 울음을 토해낸다.

"으~ 흐! 흑! 흑!……. 서 성님요 으~ 그~ 흑."

또다시 병실 안은 울음바다로 변했다. 엄마도 다시 대성통곡을 한다.

"으아흑! 성호 아버지! 성호 아버지, 이 불쌍한 새끼들은 두고 우예 갑니꺼."

엄마는 아버지의 얼굴에 매달려 가래 섞인 숨소리를 듣는 순간, 마치 가슴이 찢겨 나가는 듯 통곡했다.

"우리가 뭘 그리 잘못했다고, 우리를 두고 이리 허망하게 바삐도 떠나십니꺼. 으흑흑! 성호 아버지, 너무 무심합니더, 너무 억울합니더. 으흐으흑!"

그 울음은 단순한 흐느낌이 아니었다. 얼마 되지 않은 세월 속에 쌓이고 쌓인 고단한 삶과 힘들게 버텨온 눈물, 그리고 감춰온 설움이 한꺼번에 터져 나와 병실 천장을 흔들었다. 엄마의 두 손은 아버지의 차가워져 가는 얼굴을 부여잡고 떨면서 흐느꼈다. 뜨겁게 쏟아지는 눈물이 아버지의 이마와 뺨을 적시며, 마치 마지막으로 온기를 불어넣으려는 듯 애절하게 스며들었다.

"성호 아버지, 제발, 눈 한 번만 떠보이소. 내 눈 한번만 바라봐 주이소."

그 절규는 병실 가득한 울음바다 속에서도 가장 깊고 처연하게 울려 퍼졌다. 그것은 단순한 이별의 통곡이 아니라, 죽음 앞에서 한 여인이 내뱉는 생의 마지막 외침이었다.

엄마의 얼굴은 부어오를 대로 부어올라 눈이 잘 뜨여지지 않는 듯했다. 지금까지 정신력으로 버텼으나 결국 바닥에 털썩하고 쓰러지고 만다. 아버지는 마흔여덟이라는 많지 않은 나이에 한 많은 이 세상과 영원한 이별을 했다. 그것도 진폐증으로 인한 만성폐쇄성폐질환임에도 불구하고 급성 맹장염과 간경화라는 오진으로 인해 치료도 제대로 받지 못한 채…….

헌시

울 엄마

저녁별 하나 뜰 무렵
바람 따라 들려오는 음성

논두렁 위 달빛은
당신의 그림자로 다가와
마른 손등으로
내 어깨를 감싸 안았지요

당신 떠난 날부터
밤하늘 별빛에 얼굴을 묻고
그리움에 길을 잃곤 했습니다

먼 별이 곁에서 속삭이듯,
"힘들었지?"
다독이며 건넨 그 말 한마디에
참았던 눈물샘이 터져 강물 되어 흐릅니다

제 2 회

엄 마

1

　이 무렵 관혼상제 즉 관례, 혼례, 상례, 제례의 복잡한 의식을 간소화하는 것은 물론 허례허식을 없애고 건전한 사회 기풍을 조성하기 위해 건전 가정의례 준칙이라는 법이 만들어졌다.
　상례에 따르면 부득이 한 경우가 아니면 삼일장으로 하고 탈상은 100일로 정했다.
　그러나 그것이 하루아침에 무 자르듯이 지켜질 수는 없었다. 전통을 중요시하는 집안들은 암암리에 삼우제도 지내고 3년 상을 치르는 경우도 종종 있었다. 장례를 지내고 난 후 엄마는 빈실(殯室)을 설치했다.
　우리 마을은 읍내병원에서 대략 30여 리쯤 떨어진 한적한 시골 마을이다. 굽이굽이 흐르는 낙동강의 맑은 물은 마을의 젖줄일 뿐만 아니라 봄, 여름, 가을, 겨울 절기마다 변하는 천하 절경은 한 폭의 아름다운 동양화를 연상케 한다. 길게 늘어진 금빛 백사장은 어른들의 염려와는 달리 아이들에게는 놀이터나 다름이 없다. 해가 서산에 걸릴 때면 떼를 지어 튀어 오르는 은어 떼들의 은빛 비늘의 아름다운 모습은 가히 절경 중의 절경이다.
　마을 어귀에는 서너 명의 어른들이 두 팔을 벌려 빙 둘러앉아도 손이 닿을까 말까 하는 수백 년 묵은 느티나무가 수호신처럼 버티고 서 있다. 배미기 강촌 마을 사람들도 이 느티나무가 30호 정도 되는 마을을 지켜준다고 굳게 믿고 있다.

　우리 집은 큰 신작로 가에 있었고 다른 집들보다는 작았다. 이유는 잘 모르지만, 황 부자댁 땅을 소작으로 하고 있기에 그것과 관계가 있는 듯하다. 지붕은 짚으로 이영을 엮어서 만든 초가집이다. 2년에 한 번씩 새 이영으로 갈아 준다. 작은 사립문을 열고 들어가면 뜨락이 나오고 그 위에서 다시 어른 무릎 높이에 마루가 길게 나 있다. 문은 창살과 창살 사이에 유리를 끼워 넣은 미닫이 문이다. 왼쪽으로 길게 쭉 들어가면 오른쪽으로 굽어진다. 니은(ㄴ자) 모양으로 된 마루다. 그곳은 햇빛이 잘 들어오지 않아서 한낮에도 어두컴컴하다. 엄마는 그곳에다 빈실을 마련했다. 향로에 향불은 피웠고 병풍 앞에는 신위도 모셨다. 아침저녁으로는 상식을 올렸는데 남들처럼 많은 음식은 차릴 수가 없어서 밥과 국 그리고 술을 올렸다.

　"니 아부지는 생전에 술을 좋아했지만, 돈이 없어서 못 마셨으니 한이 됐을 끼다. 그러니 술만 있으면 되는 기라."

　아침저녁으로 상식을 올리는 것은 나와 동생의 몫이었다.

　"모든 정성을 다해서 올려야 된데이. 그래야 니 아부지가 자슥들을 잘 보살펴 주는 기라."

　그런데 나는 이 일이 죽기보다 하기 싫었다.

　상식을 올리고 뒤돌아 나올 때면 온몸이 오싹해지며 머리카락이 쭈뼛쭈뼛 섰다. 누군가 오른쪽 어깨를 확 잡아당기는 것만 같았다.

　"엄마 정말 하기 싫데이."

　그럴 때마다 정색하며 나무란다.

　"니 무슨 말 하노? 니 형들하고 내는 새벽에 나가서 오밤중에

오는데 니가 안 하면 누가 하노?"
 "엄마 내도 핵교 갔다 와서 나무하고 소 풀 뜯어오면 마이 늦데이."
 "시끄럽데이. 고마."
 나는 엄마의 호통에 더는 아무 말도 못 했다. 빈실이 무섭다는 말은 더더구나 할 수 없었다. 나는 고개를 푹 떨굴 수밖에 없다.

 아버지가 돌아가신 후 우리 집에도 작은 변화가 하나둘 찾아 왔다. 전혀 매를 들지 않던 엄마가 나와 어린 두 동생에게 조그마한 잘못에도 자주 매를 들었다.
 "이느무 자슥, 애비 없는 자슥들이라는 말은 들으면 안되는기라. 알겠노?"
 "엉! 엉! 예, 어무이."
 어린 우리는 그 말이 무슨 뜻인지 몰랐지만, 대답할 수밖에 없었다. 겨우겨우 장만했던 작은 밭도 이제 한창 수확 중인 보리와 밀을 걷어 들이고 나면 바로 큰집의 땅이 된다. 큰형과 작은형은 얼마 안 되는 밭일이지만 밀 보리를 수확해야 한다는 핑계로 당분간만 집에 남기로 했다. 사실은 아버지를 잃고 실의에 빠진 엄마를 위로하기 위해서다.
 보리와 밀 수확이 끝나자 우리 집 유일한 재산인 두 마지기 반짜리 밭은 결국 큰집 것이 될 것이다. 아버지가 돌아가시면서 진 빚을 갚기 위해서였지만, 사실은 병원비 대부분을 큰형이 벌어온 돈으로 지급했고 또한, 남의 집 빚보다 먼저 갚았는데도 아직 남아 있다는 것이다. 모든 것을 큰집에서 처리했기 때문에 사실은 얼마가 남아 있는지는 정확히 알 수가 없었다.

그러나 어찌 된 영문인지, 그것으로는 부족했는지 우리 땅은 결국 큰 집 것이 되었다. 큰집의 땅이 되던 날, 엄마는 얼마나 많은 눈물을 삼켰는지 모른다. 그뿐만 아니라 그래도 큰 집 빚도 남아 있다고 했고 아직도 갚아야 할 빚이 여기저기 산더미처럼 쌓여 있다고 했다. 그러나 형들의 걱정과는 달리 엄마는 빠르게 회복되어 갔다. 그날 이후로 큰형과 작은형은 당분간 엄마를 위로하기 위해 전에 다니던 직장을 아예 그만두었다.

엄마와 형들은 남의 집 품팔이를 하면서 시간이 나는 대로 틈틈이 돌산인 자갈밭을 개간하기 시작했다. 엄마와 작은형은 삽과 괭이도 잘 들어가지 않는 돌산을 파고 또 파며 돌을 골라냈고 큰형은 두엄을 지게로 져서 갖다 붓고 또 갖다 부었다. 그러나 워낙 황무지 돌산인지라 토질의 변화를 기대하기란 어려웠다.

"어무이! 너무 돌이 많심더."

엄마는 이마에 송골송골 맺혀 한 방울 두 방울 떨어지는 땀방울에 눈을 뜰 수 없었던지 호미 잡은 오른팔 팔꿈치로 눈가를 훔친다.

"강호야! 쪼매만 쉬었다 하제이."

둘째 형인 강호형도 온통 땀과 흙으로 얼룩진 얼굴을 대충 닦으며 뒤를 돌아본다.

"어무이! 그늘로 가시소. 지는 쪼매만 더 하겠심더."

엄마는 호미를 놓으며 나무 그늘로 향한다.

"강호야! 하루 이틀 할 일이 아니데이. 퍼뜩 오거래이."

그제야 강호형도 하던 괭이질을 멈추고 엄마 뒤를 따른다. 그늘로 들어선 엄마는 강호형에게 부채질을 해 준다.

"어무이! 지는 괜찮심니더. 어무이나 부치시소."

"니, 마이 덥지? 유월인데 와 이리 덥노? 휴~우."

이때 산 아래 지게를 지고 올라오는 큰형이 보인다. 강호형은 벌떡 일어난다.

"어무이, 형이다. 허어어~엉!"

강호형은 신발도 챙기는 둥 마는 둥 하며 바람처럼 뛰어 내려간다.

'저래 좋노?'

매일 이른 새벽부터 시작된 개간 작업은 하루도 쉬지 않고 계속되었다. 8월 중순쯤 되자 그 많던 돌들도 엄마와 큰형 그리고 작은형의 등쌀에 못 이겨 하나둘 자취를 감추더니 제법 밭의 형태를 갖추어지기 시작했다. 엄마와 작은형은 돌멩이를 골라내며 메밀씨를 뿌리고 있고 큰형은 바로 옆에 또 한 뙈기의 밭을 개간하고 있었다. 가을 메밀은 7월 중순쯤에 씨를 뿌려야 하지만 밭 개간이 늦어지는 바람에 8월 중순쯤에야 비로소 씨를 뿌릴 수 있었다.

"어무이! 지금 뿌려서 메밀이 되겠심니꺼?"

작은형인 강호형의 말에 엄마는 조금 걱정스러운 표정을 짓는다.

"걱정이야 되지만 우야겠노? 그래도 메밀은 짧은 기간에 수확이 가능한 기라. 아무데서나 잘 크고 거름도 많이 안 들고……."

작은형은 씨를 뿌리면서 돌멩이를 연신 골라내는 엄마의 뒷모습을 쳐다보니 가슴에서 무엇인가 울컥하는 것이 솟아오르며 금방이라도 눈물이 쏟아질 것 같았으나 애써 참는다.

"어무이! 걱정 마이소. 지가 우예든동 풍작을 만들겝니더."

강호형의 목멘 소리에도 엄마는 아무 말이 없다. 아마도 엄마도 아무도 모르게 눈물을 삼키고 있는 듯하다.

9월이 되자 두어 뙈기밭에서는 어느덧 메밀 싹이 나와 푸릇푸릇 자라고 있다.

그뿐만 아니라 가장 작은 나머지 한 뙈기도 밭이 되기 위해 안간힘을 쓰고 있다. 그나마 온통 바위산인 석암(石岩)에서나마 개간할 수 있는 곳은 이곳이 전부다. 다른 곳은 돌이 아니라 아예 모두 바위로 되어있기 때문에 어떻게 해볼 도리가 없다.

작은형인 강호형은 괭이로 마지막 개간 작업에 열중이었고 큰형인 성호형은 한창 자라고 있는 메밀에 비료를 뿌리고 있다.

"강호야! 덥제? 이리 온나. 점심 묵고 하재이."

강호형은 하던 괭이질을 멈추고 큰형을 쳐다본다.

"형, 하모 시간이 그래 됐나?"

큰형은 엄마가 새벽에 남의 집 품팔이 가기 전에 정성스럽게 싸준 도시락을 들고 소나무 그늘 아래로 갔다.

"강호야 퍼뜩 온나."

"알았데이. 형."

둘째 형인 강호형은 이마에 흐르는 땀을 오른손으로 쓰윽 문지르며 다가온다. 큰형은 둘째 형의 팔을 끌어당긴다.

"강호야, 니 많이 힘들고 많이 배고프제?"

둘째 형은 고개를 좌우로 흔든다.

"어데? 아이다. 내는 배 안 고프다. 형은 일도 많이 했는데 형이 배 많이 고프제?"

큰형은 강호형을 바라보며 씨~익 웃으며 도시락 보자기를 푼다. 도시락이라고 해봐야 시커먼 꽁보리밥에 반찬은 기름소금이 전부다. 간장을 만들 메주콩이 없었던 우리 집은 소금에다가 들기름 몇 방울 떨어뜨려서 그것으로 반찬을 대신했다.

"강호야! 많이 묵어래이."

"형도 많이 묵어라."

큰형과 작은형은 도란도란 이야기를 나누며 사이좋게 도시락을 먹는다. 어느덧 노란 도시락엔 꽁보리밥 한두 숟가락 정도만 남아 있다. 큰형이 먼저 숟가락을 놓는다.

"크어~윽! 많이 묵었다. 강호 니 마저 묵어래이."

작은형도 덩달아 숟가락을 놓는다.

"형, 내도 많이 묵었다. 형이 묵어라. 내는 배가 불러 터질 것 같데이."

큰형과 작은형은 서로의 속내를 잘 안다. 고집인지는 모르지만, 끝까지 서로에게 양보하다가 결국은 서로 사이좋게 나누어 먹는다. 물론 어린 동생들인 우리는 달랐다. 늘 먼저 챙겨주는 형들이 배가 브른 줄 알았다.

"그래. 그라모, 같이 한 숟가락씩 나눠 묵재이."

둘째 형이 마지막 남은 꽁보리밥 한 숟가락을 떠다 말고 고개를 푹 떨군다.

"형아야! 어무이는 괜찮은지 모르겠데이."

"와? 강호 니도 많이 걱정 되노?"

둘째 형이 떨궜던 고개를 들어 큰형을 쳐다본다.

"그라모, 형아는 걱정 안되노?"

큰형은 길게 한숨을 내 쉰다.

"와, 걱정이 안 되겠노? 내도 많이 걱정 된데이."

봄부터 돌밭을 개간하랴, 잠시나마 틈이 날 때면 남의 집 품팔랴, 쉴 새 없이 달려온 터라 며칠 전부터 엄마는 오른쪽 손목이 시큰거리고 너무 아파서 힘을 줄 수 없었다. 그래도 엄마는 쉬지 않고 일했다. 아니, 어린 자식들을 건사하려면 쉴 수가 없었다. 오늘 아침에도 황 씨네 밭일을 나가기 전에 어느새, 새벽같이 일어나 비록 꽁보리밥이지만 아침밥과 점심 도시락을 해놓고 나간 것이다. 밤늦게 들어와 끙끙 앓는 소리를 할 때마다 형들의 마음은 찢어질 것만 같았다. 작은형보다 서너 살 더 많은 큰형의 마음은 더욱더 아팠다.

"가, 강호야 힘들어도 쪼매만 참거래이. 우예든동 이 형아가 돈 많이 벌어서 우리 집 잘 살게 만들끼다."

순간, 둘째 형이 울음을 터뜨리며 큰 형 품으로 파고든다.

"어, 엉~ 엉! 엉! 혀, 형아! 사 사실은 내 무척 힘들다."

"가, 강호야! 미안하데이."

큰형은 둘째 형을 꼭 끌어안았다. 큰형 또한 둘째 형 등위로 서러움의 눈물이 한두 방울씩 떨어진다.

어느덧 땅거미가 내려앉아 어둑어둑해진다. 산마을의 어둠은 다른 곳보다 더 빨리 찾아오는 것 같다. 작은형은 작은 망태기 둘러메고 큰형은 지게를 지고 조심스럽게 산비탈을 내려오고 있다. 큰형이 진 지게에는 어느새 마른 소나무 가지가 한 짐 잔뜩 지어져 있다. 물론, 작은형 망태기에도 나무를 베고 난 썩은 밑동이 몇 개가 들어 있었다. 밭일하면서 틈틈이 삭정이와 썩은 밑동을 주어 모은 것이다.

시골 사람들 모두가 그렇듯이 가을이 시작되면 추운 겨울을 나기 위해 땔감인 나무와의 전쟁을 치른다. 나와 동생도 틈틈이 나무를 해 날랐지만, 그것만으로는 턱없이 부족했다. 해가 뉘엿뉘엿 넘어갈 때쯤 출발해서 집에 도착하면 이미 땅거미가 사라진 지 오래되어 어두워질 정도로 꽤 먼 거리다.

큰형과 둘째 형은 자갈밭을 출발한 지 한참 만에야 큰 신작로가로 내려왔다. 어느새 밤하늘에는 구멍 난 배에서 흘러나오는 물줄기처럼 군데군데서 별빛이 반짝반짝 빛을 발했다.

서늘한 밤공기에 흐르던 땀방울은 어디론가 사라지고 짭조름한 소금기만 남아 있다. 작은형은 낑낑거리며 힘들게 걸머멘 망태기를 내려놓으며 가쁘게 숨을 몰아쉰다.

"형아야! 좀 쉬었다 가재이. 너무 힘들어 죽겠데이."

뒤따르던 큰형도 작은형의 마음을 알기에 어차피 쉬어갈 생각이었다.

"그래! 강호야 좀 쉬었다 가재이."

큰형도 나뭇짐을 내려놓고 둘째 형 옆에 나란히 앉는다. 눈앞 바로 앞에는 여러 개의 반딧불이 교대로 반짝반짝 빛을 발하다가 사라지곤 한다. 큰형은 둘째 형의 어깨에 손을 얹으며 밝게 빛나는 별을 바라본다.

"강호야! 니 아부지 많이 보고 싶제이?"

"……"

"휴우! 왜 아니겠노?"

"……"

아무 말은 없었으나 둘째 형의 어깨가 어느새 약간씩 들썩이는 것 같았다.

"강호야! 니, 지금 울고 있노?"

그 순간, 둘째 형은 기어이 울음을 터뜨리며 큰형 품으로 와락 파고든다.

"혀~ 엉! 흐~ 어~ 엉~ 엉! 아부지. 아, 아부지, 아부지 엉! 엉! 엉! 참말로 많이 보고 싶다. 형아야! 엉! 엉! 엉."

"와, 안 보고 싶겠노. 강호야! 실컷 울거래이. 니, 마음이나 내 마음이 똑 같데이. 내도 아부지 참말로 많이보고 싶데이."

말을 채 끝내기도 전에 둘째 형을 끌어안으며 큰형도 끝내 울음을 터뜨린다.

"으, 흐! 흐! 흑! 가 ~ 강호야."

"어, 어! 엉! 엉! 엉! 형아야. 아부지 무지무지 보고 싶다."

큰형은 한 손으로는 울고 있는 둘째 형의 어깨를 토닥거리며 다른 한 손으로는 흐르는 눈물을 닦았다.

"아, 아부지! 어무가 너무 고생이 많심니다. 그라고 많이 아픔니다. 꼭, 우리 어무이, 호강시켜 드려야 합니다. 아부지 아부지도 하늘나라에서 많이많이 도와주이소."

이제 겨우 열세 살인 둘째 형과 열일 곱 살인 큰형은 또래들과는 달리 슬프지만, 어느새 어른이 되어있었다.

2

메밀이 한창자랄때쯤 작은형은 고향에서 멀리 떨어진 대도시인 대전에서 포목점(비단가게)을 하는 엄마의 고모인, 즉, 고모할머니가 하는 비단가게 점원으로 간 것이다. 일을 배운다는 명분으로 월급 한 푼도 받지 못한 채,

봄부터 여름 동안 자갈 산을 개간하면서 제대로 먹지도 못해 장

작개비처럼 변한 둘째 형을 보다 못한 엄마는 메밀을 수확하기도 전에 굶겨 죽이겠다 싶어 다시 보낸 것이다. 큰형도 20여 리 떨어진 면내에 있는 막걸리 양조장에 배달꾼으로 들어갔다. 늘 양조장 일로 바빴던 탓에 집에는 한 달에 두어 번 정도 오곤 했다.

반면에 나와 동생들은 할 일이 몇 배는 많아졌다. 작은 산자락 두어 고개 너머에 일궈 놓은 메밀밭 매는 일이나 몇 포기 안 되는 고추밭 매는 일, 시간이 되는대로 겨울 준비를 위해 땔감을 하는 일이 고스란히 나와 내 동생 차지가 되었다.

어느덧 추수도 끝나고 메밀을 수확해야 할 시기가 왔지만 뒤늦게 심은 탓에 우리 자갈밭 메밀은 아직 다 영글지 못했다. 그러는 사이 김장할 시기가 점점 다가왔다. 김장이야말로 겨울을 나기 위한 한철 농사다. 특히나 우리 집처럼 찢어지게 가난한 집은 더더욱 그랬다. 물론 김장도 배추가 있어야 하지만 배추 한 포기 없는 집들은 남의 집 배추밭에 가서 시래기라도 주워다 엮어야 하고 무청이라도 삭혀야 한다. 그러기 위해서는 장독이 있어야 한다. 큰 물독과 김칫독이 있었는데 지난여름에 황 부자 집 노인의 손자인 주원이란 아이가 돌멩이로 던져 깨뜨렸다.

그 아이는 나보다 한 살 어린 일학년이었는데 동네를 돌아다니면서 못된 짓은 다 하고 다니는 아이다. 동네 사람들은 보아도 모른척한다. 동네 사람들 대부분이 황 부자 집 땅을 소작하고 있었기 때문이기도 하지만 손이 귀했던 황 부자 노인의 집이었기에 어쩌다가 황 부자 노인의 귀에 들어가도 혼내기는커녕 긴 담배 장죽만 툇마루에 툭! 툭! 털며 헛기침만 두어 번 할 뿐이다.

한번은 형들과 내가 학교에서 받아와서 벽에 붙여 놓은 갖가지 상장을 모두 태워버린 사건이 있었다. 나는 용서 할 수 없었다. 엄마가 그토록 자랑스럽게 여기던 상장들, 나는 두 주먹을 불끈 쥐고 씩씩거렸다. 그러나 엄마가 말리는 바람에 참을 수밖에 없었다.

또 얼마 전에는 얼마 전에는 닭 둥지에서 금방 낳은 따끈따끈한 달걀도 깨 먹은 적이 있다. 달걀로 공책도 사고 밀가루도 살 수 있는 아주 귀한 달걀인데 말이다. 그때도 엄마가 말리는 바람에 참았다. 그런데 일이 또 터졌다.

지난가을 아버지가 병원에 입원해 있을 당시에 일어난 일이다. 엄마는 병원에 갔고 내가 땔감 나무를 해서 왔을 때였다. 집안이 온통 난장판이 되어있었다. 마루에는 엄마가 그토록 아끼며 우리에게도 한 숟가락도 주지 않았던 쌀로 만든 미숫가루가 사방으로 흩어져 온천지 사방에 눈가루가 뿌려진 듯했다. 그뿐만 아니라, 벽에 걸어 놓은 액자를 깨뜨려 모든 사진을 꺼내 모두 태워버린 사건이 있었다. 방안에는 타다만 사진이 이곳저곳에 나뒹굴어 있었다. 엄마가 아니, 우리 가족 모두가 그토록 소중히 간직하던 흑백 사진들, 조금 큰 여동생과 이제 겨우 아장아장 걸을 수 있는 남동생의 얼굴 이곳저곳이 그을린 채 울고 있었다.

"누고? 미란아! 누가 이랬노?"

얼마나 섧게 울어 대는지 말도 잘 나오지 않는 미란이다.

"엉! 엉! 으~ 흐~ 흑! 엉! 오, 오, 오빠야! 주, 주원이 오빠가……. 어! 어! 엉!"

"뭐라꼬? 주원이가….."

"어, 엉! 엉1 으, 웅! 오, 오빠."

나는 두 주먹을 불끈 쥐고 벌떡 일어났다.

"내, 이 새끼. 가만 안 둘끼다."

황 부자 노인의 집 앞마당에 놀고 있는 주원이가 보인다. 마침,

황 부자 노인도 보이지 않는다.
 달려가서 주먹부터 날렸다.
 퍽!
 "억!"
 "주원이, 너 이 새끼야! 니가 뭔데, 우리 집 미숫가루를 다 퍼먹었노?"
 다시 주먹을 날렸다.
 퍽!
 "윽! 하, 할부지. 엉! 엉! 엉! 할부지, 명호가 때린다. 하, 할부지. 엉! 엉! 엉!"
 "그 미숫가루는 내도 못 먹어 본 미숫가루다. 우리 아부지만 먹을 수 있는 미숫가루다. 이 새끼야."
 분을 이기지 못해 씩씩거리며 다시 주먹을 날릴 찰나 뒤따라온 여동생 미란이가 울먹거린다.
 "오, 오빠야! 그만해라. 주원이 오빠 할부지 알면 혼난다."
 나는 동작을 멈추고 동생을 돌아보며 큰소리를 친다.
 "미란아! 잔소리 말고 니는 퍼뜩 가거래이."
 순간, 주원이는 그 틈을 타서 냅다 방으로 뛰어들어갔다. 나는 두어 발짝 따라가다 말고 뒤돌아섰다. 아직도 분은 풀리지 않았지만, 동네에서 아무도 못 건드리는 황 부지 집 노인의 손자를 두들겨 팬 것에 대해 무척이나 뿌듯했다. 그러나 병원에서 돌아온 엄마는 오히려 나를 호되게 꾸짖었다.
 "아이고, 이일을 우짜면 좋노? 와, 이런 짓을 저질렀노?"
 "……"
 나는 아무 말도 하지 않았다. 너무 속이 상해 아무 말도 하고 싶지 않았다. 엄마는 내 손을 잡고 끌다시피 했다.

"퍼뜩, 이리 온나? 잘못했다고 빌로 가재이."

"엄마야! 이손 놔라. 난 잘못한 게 없데이. 빌긴 내가 와 비노? 그 새끼는 더 때려야 한데이."

"니 지금 뭐라카노?"

엄마는 더욱더 힘을 주어 끌어당긴다.

" 그라고 빌긴 와 빌겠노? 그냥 비는 기제."

나는 엄마를 올려다봤다. 엄마와 눈과 마주쳤다 엄마의 눈에는 눈물이 고여 있는 듯했다.

순간, 팔에서 힘이 스르르 풀린다. 그날 엄마와 나는 황 부자 노인에게 손이 발이 되도록 용서를 빌었다. 참으려고 해도 자꾸만 눈물이 났다. 엄마는 부엌 한구석에서 더 우는 것 같았다. 속은 내가 상했는데 엄마가 왜 우는지 그때는 몰랐다.

그날 이후 엄마는 자의 반 타의 반으로 옹기장사를 하게 되었다. 엄마가 김칫독을 사기 위해 이른 새벽에 집을 나서 점촌 장으로 가면서 계기가 됐다. 동네 사람들은 읍내 장에서 파는 옹기가 점촌 장에서 사는 것보다 조금 더 비쌌지만, 점촌 장이 훨씬 더 먼 탓에 읍내 장에서 살 수밖에 없었다. 점촌 장은 집에서 대략 50여 길은 족히 되는 듯싶다. 상주 읍내 장보다 20여 리는 더 멀었다. 산으로 난 좁은 길을 따라 산 고개를 몇 고개 넘어야 도착한다. 작은 옹기는 들고 조금 큰 단지는 머리에 이고 부지런히 서둘러 와도 어느덧 해는 서산 자락에 걸려 있다.

"명호 어무이야. 이 짠지 단지 얼마 주고 샀노?"

"350원 주고 샀심더."

"우야꼬. 우예 이리 싸게 샀노? 그라고 읍내 단지보다 훨씬 곱데이."

"점촌 장이 상주 읍내 장보다 쪼매 더 쌉니더."

그랬다. 점촌 장 옹기가 읍내 장 옹기보다 조금 더 쌌을 뿐만 아니라 옹기 겉에는 예쁜 무늬도 넣어 훨씬 예뻤고 약칠을 한 겉면 또한 상주 읍내의 그것과는 비교가 안 되었다. 이때, 몇 해 전 이웃 동네에서 이곳으로 시집온 면서기인 조 씨네 며느리가 다가선다.

"아지매요. 염치없지만 다음에 점촌 장에 가시게 되면 작은 소금단지 하나 부탁해도 되겠십니꺼? 지가 값은 쪼매 더 쳐 드리겠심더."

"그라몬 명호 어무이, 우리 것도 하나 부탁하면 안 되겠노?"

"내도 값을 더 얹어 줄 테니 내 것도 부탁 좀 한데이."

"아지매. 지도 부탁 합니데이."

"지도요."

여기저기서 많은 부탁이 들어 왔다. 엄마의 옹기장사는 이렇게 시작되었다.

처음에는 이웃에 옹기를 갖다 주기에도 바빴다. 이른 새벽에 나가 옹기를 떼어와서 전날 주문한 집에 갖다 주고 오면 해가 지고 난 훨씬 후에야 집에 도착했다. 무척 힘은 들었지만 남의 집 품일하는 것보다는 수입이 조금 나았다.

그러나 그 일도 하루 이틀이지 어느 정도 시간이 지나자 살 집은 거의 다 샀다. 엄마는 옆 동네로 눈길을 돌렸다. 옆 동네도 김장을 끝내는 집이 늘어났으나 그래도 조금씩 주문이 들어 왔다. 주문이 없는 날에는 직접 외치고 다녔다.

"옹기 사이소. 질 좋고 값싸고 잘 구워진 옹깁니더. 옹기 사이소. 옹기."

읍내와 같은 가격에 더 좋은 품질의 옹기를 마다할 리 없다. 그뿐만 아니라 옹기를 사러 30리 길이나 되는 읍내를 가야 하는 수고도 덜 수 있었기 때문이다.

옹기 값으로는 돈뿐만 아니라 쌀이나 보리, 밀 등을 받았기에 옹기가 다 팔려 집으로 돌아올 때도 짐은 매한가지로 한 짐이다. 때로는 옹기를 머리에 이고 나갈 때보다 곡식을 머리에 이고 돌아올 때가 많아 더 무거울 때가 허다했다.

엄마는 이때 무거운 옹기장사로 인해 더 골병이 들은 듯했다. 이 일과 동서들의 갖은 시집살이로 인해 엄마는 세상을 떠나는 그 날까지 큰 고통으로 시달렸다.

가까운 동네부터 시작한 옹기장사가 어느덧 하늘만 빠끔히 보이는 깊은 산골 마을까지 확대되었다. 엄마가 돌아오는 시간도 차츰차츰 늦어졌다. 엄마가 해주는 저녁밥을 먹어 본지도 까마득하다.

"콜록콜록 오, 오빠야! 오늘도 엄마는 늦게 오나? 콜록"

동생 미란이가 부엌 아궁이에 마르지 않은 청솔가지에 불을 피우며 그때그때 뿜어져 나오는 시커먼 연기를 연신 들이마시면서 하는 말이다. 나는 박 바가지에 누런 밀가루 두어 웅큼 집어 넣어 물을 부어 저으며 미란이를 쳐다봤다.

"미란아 니, 힘들노?"

"그라모 오빠야는 힘 안드나?"

"내도 힘든데이. 그래도 엄마만큼은 힘 안 든다."

아궁이 속으로 들어갈 듯 얼굴을 들이밀고 불을 붙이기 위해 후~ 후~ 불어대던 미란이가 검정 숯이 묻은 오른손으로 머리를 쓸어 올리며 소리를 질렀다.

"오빠야, 불이 붙었데이. 봐라. 활활 잘 탄다."

불길이 활활 타오르자 시커먼 가마솥에서 김이 모락모락 피어오른다. 나는 부뚜막에 쪼그리고 앉아서 닳고 닳아서 반달처럼 변해버린 놋숟가락으로 풀처럼 묽은 밀가루 반죽을 떼어 넣었다.

"미란아! 눈이 따가워도 쪼매만 참거래이. 수제비 다 떠넣어 간데이."

어린 나이지만 이미 이런 일에 익숙해 있던 우리다.

"콜록! 콜록! 오빠야, 내는 괜찮다."

잠시 후 풀처럼 묽은 수제비를 누런 양푼에다 퍼다가 간장 한 종지와 함께 둥근 나무 상에 올려놓고 잠자고 있던 막내를 깨웠다.

"진호야! 퍼뜩 일어 나거래. 엄마 마중 가제이……."

"어, 어마. 마아중?"

막내는 엄마 마중 가자는 소리에는 언제나 두 눈이 초롱초롱해진다. 해가 지고 땅거미가 끼여 제법 어둑어둑해지면 우리 삼 남매는 엄마 마중 갈 채비를 한다. 하루 중 가장 기다려지는 시간이기도 하고 가장 행복한 시간 이기도 하다. 조금 전까지 꼬르륵 소리를 내던 배도 소리를 멈춘다.

"어부바."

"응, 홍아!"

말이 떨어지기가 무섭게 막내동생은 등에 찰싹 달라붙는다. 추수가 끝난 가을밤 날씨는 제법 추웠다. 게다가 지금은 그쳤지만, 아침부터 추적거리며 내리던 비 탓에 더욱 쌀쌀하다. 마을 어귀에 수호신처럼 버티고 서있는 느티나무를 중심으로 오른쪽은 읍내로 향하는 엿골이라는 마을이 나오고 왼쪽은 낙동강이 흐르는 뱃가라는 마을이 나온다. 막내는 등에 업고 미란이는 앞에 세우고 뱃가 마을 쪽으로 향했다. 낙동강 강가에 자리한 마을에 나룻배를 타고 내리는 선착장이 있어서 그 마을을 뱃가 혹은 뱃가마을이라 불렀다. 엄마는 돌산에 심어 놓은 메밀을 이삼일 전에는 베어냈어야 한다면서도 옹기장사를 쉽게 내려놓지 못한다. 옹기라도 내다 팔지 않으면 당장 끼니거리가 없었기 때문이다. 오늘은 동디골로 간다고 했다. 뱃가마을을 지나 험한 산길을 따라 한참을 올라가면 하늘만 빠끔히 올려다보이는 첩첩산중의 동네다. 우리 동네가 끝나는 어귀에 납작하게 생긴 적당한 크기의 바위가 있다. 많은 길손이 걸터앉아 쉬었다 가는 탓에 표면이 반질반질하다. 이곳이 바로 우리 삼 남매가 엄마를 기다리는 유일한 장소다.

"명호야! 니 어메 아즉 안 왔노?"

동네 아주머니가 지나가던 발걸음을 잠시 멈추며 하는 말이다.

"예! 아직 안 왔심더."

"명호야! 니, 어메 곧 올 낀데 집에 가서 기다리지 와 나왔노? 날씨도 추운데……."

"예, 알겠심더. 아지매, 먼저 들어가시소."

동네 아주머니는 가던 길을 재촉하며 혼잣말로 나지막이 중얼거리는 소리가 밤바람을 타고 귓전에 파고든다.

"쯧! 쯧, 불쌍한 저 어린 것들을 두고 칠성 아제는 우예 눈을 감았노?"

우리는 추위도 이길 겸 엄마를 기다리며 가위·바이·보 놀이를 한다. 이기는 사람이 꿀밤을 때린다.

"아야! 오빠야! 많이 아프다. 살살 때리기다."

"내긴데 그라는 게 어디 있노?"

"치, 내는 안 할 끼다."

할 때마다 매번 지는 미란이가 정말 많이 아픈지 울상이다.

"미란아! 억울하면 니도 이기면 안 되나?"

이때 납작 바위에 위에 포대기에 싸여 앉아 있던 막내가 엉금엉금 기어 나오며 오며 까르르 소리를 친다.

"어, 어마. 어마. 엄마!"

정말 엄마다. 저만치서 어둠을 뚫고 엄마가 다가온다. 오늘은 여느 때와는 달리 곡물을 많이 받지 않은 듯 머리에는 작은 자루 하나만 달랑 머리에 이고 있었다. 그 때문에 두 팔이 대체로 자유스러워 보인다. 엄마는 옹기를 이고 집은 나갈 때나 옹기를 다 팔고 들어올 때나 늘 머리에 이고 오는 짐이 한 짐이다. 옹기 값을 돈으로 받는 것보다 곡식으로 받아오다 보니 하루도 몸이 가벼울 날이 없었다. 또 장에 갈 때는 곡식을 이고 가서 옹기로 바꾸어 와야 하니 머리에는 짐이 벗어날 수가 없었다. 마음이 바쁜 엄마는 빠른 걸음으로 다가와 막내를 번쩍 안아서 볼에다 입을 맞춘다.

"아이고 내 새끼들! 추운데 와 또 나왔노? 우리 아가는 형아 말 잘 듣고 잘 놀았노?"

"응! 어마, 엄마."

막내도 좋은 듯 엄마의 목을 끌어안고 떨어질 줄 모른다. 이때, 미란이도 달려든다. 조금 전 꿀밤을 맞아 울먹이던 소리는 사라진 지 오래다.

"엄마야! 왜 지금 와? 미란이도 울매나 보고 싶었는데……."

엄마는 진호를 한쪽 팔로 안고 다른 한쪽 팔로는 미란이를 끌어 잡으며 볼을 비비며 입을 맞춘다.

"아이고, 우리 딸 미란이도 이 어메가 그리 보고 싶었노?"

"응! 아주 많이 하늘만큼 땅만큼 보고 싶었데이."

엄마는 진호와 미란이를 번갈아 가며 연신 머리를 쓰다듬을 뿐만 아니라 차가운 볼을 연신 비벼 댔다. 나는 엄마 앞에 우두커니 서 있었다. 나도 따뜻한 엄마 품에 안기고 싶다. 그러나 두 동생 틈바구니에 끼여 엄두조차 낼 수 없다.

"어무이. 많이 힘들었지?"

그제야 엄마는 고개를 돌려 나에게 다가와 머리를 쓰다듬는다.

"명호야! 어린 니가 고생이 많데이. 힘들더라도 쪼매만 참거래이."

나는 엄마가 이고 온 작은 보따리를 빼앗듯 받아 들었다.

엄마는 좋아서 어쩔 줄 모르는 진호를 등에 업고 미란이와 나는 양옆에서 엄마의 손을 잡고 집으로 향했다. 늦가을의 밤공기는 제법 차가웠으나 진호는 어느새 엄마의 따뜻한 등을 방바닥 삼아 쌔근쌔근 잠이 들었다. 나도 형들처럼 어느새 철이 들고 있었다.

다음날은 여느 때보다도 더 부지런히 움직이었다. 메밀을 수확하기 위해서다. 돌산인 석암(石巖)산을 늦게 개간해서 다른 집 메밀보다 훨씬 늦게야 씨를 뿌렸던 탓에 다 여물지는 않았지만 시기가 시기인 만큼 거두어들이는 일을 더 늦출 수가 없다. 양조장 일이 무척 바빴던 탓에 좀처럼 쉬지 않던 큰형까지 억지로 양조장 주인을 설득시켜 휴가를 냈다. 엄마도 오늘 하루만큼은 옹기장사를 접었다.

"명호야! 퍼뜩 일어나거래이."

아침밥이 다 되어 갈 즈음에 엄마가 방문을 열어젖히고 이불을 걷어 올리며 하는 말이다.

"어무이! 쪼매만 더 자면 안되노?"

나는 추워서 더욱 등을 꼬부리며 이불을 빼앗으려고 안간힘을 쓴다.

"안된다. 퍼뜩 일어나거래이."

나는 안다. 엄마는 한번 안된다면 어떤 일이 있어도 안 된다는 것을……. 하는 수 없이 투덜거리며 일어났다.

"에잇! 참."

아직 해가 오르기 한참 전인데도 불구하고, 큰형은 일어나 낫을 갈고 있다. 어젯밤에 양조장 일이 끝나기가 무섭게 부리나케 온 큰형이다.

"명호야! 니 오늘 학교 끝나모 퍼뜩 와야 한데이."

엄마가 부엌에서 밥상을 들여오면서 하는 말이다.

"어무이, 내 환경미화원이라 오늘은 학습 게시판 정리하는 날이라 쪼매 늦는데 우야노?"

"선상님께 잘 말씀 드리고 와야 한데이."

"알았데이."

나는 어깨를 축 늘어 떨리며 힘없이 대답했다. 오늘은 학급 게시판 학급정리를 하는 날이라 늦을 수밖에 없었지만, 환경미화 하는 것이 일하는 것 보다 보다 훨씬 좋았기 때문이다. 어떤 일이 있어도 수업이 끝나면 쏜살같이 집으로 달려와야만 했다.

집에서 온갖 흙장난을 하면서 놀고 있을 동생들이 걱정되기 때문이기도 하지만, 동생 둘을 데리고 봄여름에는 소 꼴을 해야 했고, 가을이나 초겨울에는 나무를 해야 했다. 그런데 오늘은 엄마와 큰형 그리고 둘째 형이 봄여름 내내 땀 흘려 일군 밭에서 자란 메밀을 첫 수확 하는 날이다.
 시커먼 꽁보리밥 몇 순가락으로 아침을 때우고 큰형은 시퍼렇게 날이 선 몇 자루의 낫과 괭이 삽 그리고 준비한 점심 도시락을 지게에 지고 엄마와 함께 집을 나선다.
 "명호야 니는 이따가 핵교 끝나면 동상들 데리고 천천히 올라오거래이."
 나는 힘없이 고개를 끄덕이며 작은 목소리로 대답했다.
 "알았데이."
 산비탈 군데군데에서 흰 두루미들이 무리 지어 앉은 듯 하얀 깃털 같은 메밀꽃이 피는가 싶더니 어느새 종적을 감추었다.
 남의 집 밭의 메밀은 이미 수확이 끝난 지 여러 날이 지난 듯하다. 반면에 우리 밭의 메밀은 수확이 늦은 탓도 있지만 이가 빠진 듯 군데군데가 허전했을 뿐 아니라 쭉정이 또한 많았다.
 "어무이! 쭉쟁이가 너무 많심더."
 "성호야! 니 애 많이 썼데이. 여름 내내 거름 안 푸다 날랐으모, 이래라도 됐겠노? 내년에는 더 잘 될 끼다."
 "어무이, 말씸대로 내년에는 더 잘 될 겁니더."
 학교가 끝나고 올라가니 해는 어느새 저만큼 기울어져 있다. 메밀을 베면서 엄마와 큰형이 주고받는 말이다. 나는 아무 말도 하지 않고 그 뒤를 따라가며 열심히 낫질을 했다. 아무리 열심히 해도 큰형과 엄마를 따라갈 수 없었기에 더욱 힘이 들었다. 우리 집 메밀 수확은 이틀에 걸쳐서 모두 끝났다.

3

　엄마는 다시 옹기장사를 시작했으나 신통치가 않았다. 이래선 어린 새끼들 다 굶기겠다 싶었는지 건어물 장사로 바꾸었다. 오징어 명태 미역 등을 떼어다 파는 것이 옹기장사보다 무게도 무게거니와 이익이 훨씬 나았던 모양이다. 장 보러 더 자주 다니시는 걸 보면 알 수 있다. 무엇보다도 가볍기가 옹기에 비할 수가 없고 옹기장사를 할 때는 밤마다 끙끙 앓았는데 건어물로 바꾸고 나서는 훨씬 덜했다. 메밀 타작을 끝내고 나자 곧바로 추위가 찾아 들었다. 엄마는 아무리 추워도 쉬는 날이 없었고 집안의 가장으로서 그만큼 막중한 책임을 어깨에 지고 있었다. 남자도 아닌 여자의 몸으로 무척이나 힘들었지만 참을 수밖에 없었다. 오늘도 엄마는 아침 일찍 건어물을 한 보따리 머리에 이고 이웃 동네로 장사를 나간다. 겨울방학을 얼마 앞두지 않은 일요일이다. 엄마의 장사 덕택에 물배로 채우던 점심을 그나마 꽁보리밥 몇 덩이로 해결할 수 있었다. 형편은 전보다 조금 나아졌으나 그래도 배고픈 것은 매한가지다.
　"명호야! 오늘은 많이 춥데이. 꼼짝 말고 집 잘 보거래이."
　"알았다. 엄마! 걱정 안 해도 된다."
　"내오기 전에 군불 잘 지피는 것하고, 물 한 단지 채워 놓는 거 잊지 말고."
　"알았다카이, 어무는 참······."
　엄마는 늘 장사를 나갈 때마다 어린 우리를 남겨 놓고 나가는 것이 걱정이 태산이다. 특히나 가장 어린 진호를 남겨두고 가는 심정은 이루 말할 수 없이 마음이 아팠을 것이다. 나가기 전에 항상 진호와 미란이 볼에 입을 맞추고 나간다.

"진호야! 엄마 갔다 올 때까지 형아 말 잘 들어야 한데이."

진호는 그럴때마다 온몸을 흔들면서 칭얼칭얼한다.

"앙! 앙! 앙! 싫어. 싫어. 오늘은 엄마 안 가면 안 돼?"

"야가 와 이라노? 우리 집에서 젤로 착하고 이쁜 아가가? 엄마 말 잘 들으모, 엄마가 올 때 우리 아가가 좋아하는 눈깔사탕 사다 주마."

그 말은 진호의 울음을 그치게 하는 진통제 역할을 하곤 한다. 햇볕이 찾아 들자 그리 춥지 않았다. 나는 동내 또래 아이들과 구슬치기, 숨바꼭질, 깡통 차기, 돌로 하는 비석 치기 등을 하며 신나게 뛰어놀았다. 어제까지만 해도 산에 나무하러 가서 해가 서산 꼭대기에 걸릴 때쯤 내려오곤 했는데, 오늘은 엄마가 쉬라고 했다. 매서운 추위에도 불구하고 시간 가는 줄 모르고 놀다 보니, 어느덧 점심때가 훨씬 지났다. 문득 동생들인 미란이와 진호 생각이 났다. 나는 놀다 말고 급히 집을 향해 내달렸다.

동네에서 공동으로 사용하는 우물가를 지날 때였다.

"야, 야! 니, 밍호 아이가?"

돼지 할머니의 목소리다. 육십 조금 넘었는데도 불구하고 지금과는 달리 허리가 많이 굽었다. 하긴 그 당시는 60 회갑을 하는 집안도 많지 않았다. 그만큼 수명이 짧았다. 읍내에서 술을 팔던 여자가 돼지 할머니네 며느리로 들어왔다. 그러나 자유분방하게 살던 여자라 이곳 촌구석에 처박혀 허구한 날 농사일만 해야 하는 시골 생활에 적응할 리가 만무다. 결국, 시집온 지 이태 만에 어린 핏덩이를 버려두고 집을 나갔다. 벌써 십수 년이 지났지만 아무런 소식이 없다. 할머니 손자 이름은 지태다. 지태 할머니는 집 나간 며느리를 욕할 때마다 '돼지 같은 년'이라고 했기 때문에 동네 사람들은 돼지 할머니라고 부른다. 보리 개떡이나 쑥개떡이 생기면 동네 아이들에게 나누어 주곤 했기 때문에 아이들이 잘 따랐다.

"할무이! 식사 했심니꺼?"

"하모! 니는 점심 먹었노?"

"지도 밥 묵으로 가는 중입니더."

말이 채 끝나기도 전에 보리 개떡 서너 개를 손에 쥐여준다.

"할무이요. 괜찮심니더."

돼지 할머니는 손을 들어 때리는 시늉을 하지만 입가에는 미소가 머금어 있다.

"니 뭐라 카노? 이 할매 말 안 들을 끼가? 퍼득 가서 동상들하고 나눠 묵거래이."

어깨를 토닥거리며 손에 쥐여준다.

"예! 할매요. 고맙심더."

나는 고맙다는 인사를 남기고 뒤돌아섰다.

"쯧! 쯧! 쯧! 저런 새끼들은 저래 놔두고 칠성 아제는 우예 그리 일찍도 눈을 감았노? 허긴 핏덩이 놔두고 도망간 돼지 같은 년도 있으니 내가 무슨 말을 하겠노?"

혼잣말처럼 중얼거리며 뒤돌아서는 돼지 할머니의 음성이 슬픈 곡조로 바뀌어 귓전을 맴도는 듯했다.

집에 도착하니 이미 동생들은 얼음장 같은 찬밥을 김치 두어 조각과 함께 물에 말아 먹은 지 한참 지난 후였다. 진호는 놀다 지쳐 자고 있고 미란이는 다락 한구석에서 무엇을 하는지 부스럭부스럭 소리를 내고 있다.

"미란아! 다락에 아무것도 없을 낀데 뭘 찾노? 퍼뜩 내려온나. 개떡 묵자."

여느 때 같으면 개떡이란 말에 득달같이 달려올 미란이지만 아무런 대꾸도 없이 여전히 부스럭거리는 소리만 들린다.

"니, 뭐하노? 퍼뜩 안 내려오고……."

그때 너무 기뻐서 어찌할 바를 모르는 듯한 미란이의 목소리가 들린다.

"오, 오빠야! 드디어 찾았데이. 후딱 올라 온나."

"미란이 니 뭘 찾았다고 그리 설치노?"

나 역시 들뜬 마음을 주체할 수 없어 말이 입 밖으로 나오기도 전에 몸은 이미 다락방 반쯤은 올라간 상태다. 어두컴컴한 곳에서 미란이의 고사리보다 작은 손이 분주하게 움직이는 것이 보인다.

"오빠야! 이게 뭔 줄 아나? 꿀이다. 꿀!"

"꾸울?"

엄마는 건어물 장사를 하면서도 가끔 누군가가 꿀을 주문하면 떼어다 팔았다. 나도 이러한 사실을 이미 알고 있었다. 그러나 장에서 떼어온 물건은 다 팔릴 때까지 보따리에 싸서이고 다니기 때문에 집에 남아 있을 리가 없다. 그래도 엄마가 장사하러 나가고 나면 다락에 무슨 먹을 거라도 있나 싶어 올라가 보지만 그때마다 허탕이었다. 그런데 오늘은 달랐다. 큰 유리병에 담긴 꿀을 엄마가 두고 간 것이다. 일부러 놓고 갔는지 아니면 빠뜨리고 갔는지 알 수는 없었지만…….

미란이는 무슨 대단한 것이라도 찾아낸 것처럼, 아니 어린 우리에게는 무엇보다도 대단한 발견이다. 나와 동생 미란이는 무척이나 들뜬 마음으로 꿀 병을 바라보고 있었다.

"오, 오빠야, 쪼매만 찍어 묵어보자."

"아, 안된데이. 엄마 알면 맞아 죽는데이."

엄마는 남의 집 물건은 말할 것도 없고 우리 집 물건이라도 허락 없이 손을 대는 것을 가장 싫어한다. 특히 아버지가 세상을 떠난 후부터는 더욱더 심했다.

'어디서라도 애비 없는 자슥들이라고 말 들으면 안된데이. 알겠나?'

엄마의 늘 하는 말이다. 미란이는 앙탈을 부린다.

"아이, 오, 오빠야~ 딱 한 번만 찍어 묵어보자. 응?"

사실 나도 무척이나 먹어보고 싶은 꿀이다. 아니 꿀뿐만이 아니라 명태, 미역, 김 멸치……. 등등 그러나 이것들은 내다 팔 물건이니 우리 것이 아니라 남의 집 물건이다. 그러니 우리에게는 그림의 떡일 뿐이다.

"으~ 응? 한 번만 딱 한 번만."

마음이 흔들린다. 아니 마음이 흔들린다기보다는 동생을 핑계 삼아 먹고 싶은 마음이 진솔한 표현이다.

"그라모, 딱 한 번만이데이."

"오빠는, 내를 뭘로 보고 그라노?"

미란이의 말이 떨어지기가 무섭게 꿀병으로 손이 갔다. 그러나 야무지게 잠겨있는 꿀병 뚜껑을 열기란 쉽지가 않다. 더구나 고사리 같은 작은 손으로 주둥이가 큰 꿀병 뚜껑을 열기란 더더욱 어렵다.

"휴! 참말로 안 열린데이."

옆에서 지켜보는 미란이는 안달이 난 상태다.

"오빠야, 다시 해봐라. 퍼뜩."

나는 대담하게도 다락에서 꿀 병을 가지고 내려왔다. 조금 전까지의 근심은 간곳없고 어떻게 해서든지 병 속에 든 달디 달은 꿀 한번 찍어 먹어야겠다는 그 생각밖에는 없었다. 그러나 아무리 끼 깅거리며 애를 써도 뚜껑은 열리지 않는다. 자세히 보니 굳게 잠긴 뚜껑 사이에 꿀이 하얗게 굳어 있다. 나는 재빨리 성냥을 그어 댔다. 그리고 뚜껑에 갖다 대자 주위의 꿀이 금방 녹아내린다. 지-익, 지-익 연신 그어대자 틱 -하는 소리와 함께 뚜껑이 쉽게 열린다.

"오, 오빠야! 열린데이."

세상의 모든 것을 다 가진듯한 미란의 행복한 얼굴이다. 나는 쾌재를 부르며 손가락을 넣어 푹 찍어 입안에 넣고는 쪼~옥 빨았다. 아! 이럴 수가? 세상에 태어나서 내가 먹어본 어떤 맛과도 바꿀 수 없는 맛이다. 미란이가 머리를 들이밀며 꿀 병 안으로 손가락을 집어넣는다.

"오, 오빠야 맛있나?"

나는 얼른 꿀 병에서 미란이의 손가락을 빼며 고개를 좌우로 흔들었다.

"아 아직 모르겠데이. 다시 한번 묵어보고……."

나는 내 말이 미란이 귓전에 도달하기도 전에 다시 한번 꿀을 찍어 쪼~옥하고 빨아 먹었다. 너무 맛이 있어서 온통 얼굴이 찌푸려지며 온몸이 파르르 떨린다. 미란이는 오만상을 쓰고 있는 나를 보며 걱정스러운 얼굴로 바라본다.

"왜? 오, 오빠야 맛이 없나?"

아무리 맛이 있어도 꿀 병을 닫아야 한다. 이 사실을 엄마가 알면 으아~ 악! 생각만 해도 끔찍하다. 미란이에게도 한 번쯤은 찍어 먹으라고 하고 싶어도 맛을 보고 나면 계속 먹고자 할 것이 틀림없기 때문에 미안하지만, 뚜껑을 닫아야 한다.

"으~ 참 참말로 맛이 없다. 내 이렇게 맛없는 것은 첨이데이."

말은 그렇게 하면서도 꿀의 유혹을 이길 수 없어 다시 한번 손가락에 아까보다 더 많이 찍어 입안에 넣고 쪽쪽 빨았다.

"오, 오빠야. 나도 한번 묵어보자."

"니는 못 먹는다. 약보다 더 쓰고 구린내가 난데이."

미란이가 빤히 쳐다본다.

"그라모 오, 오빠야는 우예 먹었노?"

"그, 그건……. 그냥 한번 먹어 본 기라."

"치 거, 거짓말 마라. 맛이 없는데 우예 그리 많이 먹노?"

말이 끝나기도 전에 재빠르게 꿀을 찍어 입안으로 가져간다. 순간, 미란이의 표정이 잠시 굳어지는가 싶더니 눈꼬리를 치켜뜨며 째려본다.

"오, 오빠야! 왜 거짓말 하노? 이리 맛있는 걸 오빠야 혼자만 먹을라 했나?"

나는 얼른 손를 내저었다.

"어, 어데? 아, 아이데이."

"오, 오빠야! 그라모 왜 거짓말했는데?"

"그, 그건……."

미란이의 작고 짧은 손가락이 다시 꿀 병 안으로 들어간다. 나는 다급히 마란이의 가는 손목을 잡았다.

"아, 안된다. 큰일 난데이. 엄마가 알면, 우리 맞아 죽는데이."

"오, 오빠야! 한 번만 더 먹자. 응?"

"아, 안돼"

그러나 한번 꿀맛을 본 미란이는 막무가내다.

"그라모 엄마 오면 이를 끼다. 오빠야가 꿀 훔쳐 먹었다고."

"뭐라꼬? 니 맞을래? 그라고 꿀은 니가 찾았잖아."

"오, 오빠야! 내가 왜 맞아야 하는데? 꿀 병을 열고 훔쳐먹은 것은 오빠야잖아."

큰일이다. 미란이가 정말로 엄마한테 이를 것 같다. 물론 꿀 병을 처음 찾아낸 것은 미란이지만 엄마는 미란이 책임보다는 내 책임을 중하게 여길 것 같다. 엄마 성격상 이 사실을 알면 어디 한 곳 남아나지 않을 것 같다. 어떠한 일이 있어도 미란이의 입을 막아야 한다.

"미 미란아! 딱 한 번만 먹어 보거래이."

미란이는 금방 웃음을 되찾으며 헤죽거리며 웃는다.

"응! 오빠야! 딱 한 번만 먹을께."

꿀 병 주둥이가 꿀 병 몸통 크기와 같았으므로 어른 손도 들어가고도 남을 듯하다. 미란이는 큼지막한 꿀 병 주둥이 안으로 고사리 같은 작은 손을 집어넣은 다음 검지와 중지를 이용해 푹~ 찍어 듬뿍 들어 올린다.

"미란아! 안 돼 너무 많다."

아랑곳없이 미란이의 손가락이 입안으로 쏙 들어갔다. 그리고는 입맛을 다시며 손가락을 쪽쪽 빨아댄다.

"아, 맛있다 정말 맛있다."

지켜보고 있는 것도 고역이다. 나도 모르게 어느새 침이 꼴깍꼴깍 넘어간다.

"미, 미란아! 그리 맛있노?"

참다못한 나도 꿀을 찍어내 입안으로 가져갔다. 으~ 으~ 으, 정말로 꿀맛이다.

"오빠야! 오빠야는 왜 또 먹는데?"

"미란이 니는 아까 두 손가락으로 찍어 먹었잖아."

"오빠야는 두 번이나 더 많이 먹었잖아."

미란이도 얼른 손을 넣어 꿀을 찍어낸다.

"니, 그만 먹어래이. 엄마 알면 맞아 죽는데이."

그러면서도 꿀맛의 유혹에 못 이겨 손가락이 꿀 병 속으로 자동으로 들어간다. 나는 꿀 묻은 손가락을 쪽쪽 빨며 뚜껑을 닫으려 했다. 미란이가 금방이라도 울음을 터뜨릴 듯이 애절하게 매달린다.

"오, 오빠야 하, 한 번씩만 더 먹자. 응?"

이 유혹에 넘어가면 안 된다. 두 눈을 꼭 감고 뚜껑을 닫아야 한다.

"아~ 안돼 정말로 안된데이."

미란이가 뚜껑 잡은 왼손을 잡고 흔들어댄다.

"응? 오빠야. 딱 한 번만 응? 안 그러면 엄마한테 이를 거다."

"그래도 안 돼."

"오빠야, 무지 아플 텐데 그래도 괜찮아?"

"안돼. 절대로 안 된데이."

단호하게 말은 하면서도 미란이가 잡은 손을 뿌리치지 못했다. 어린 생각이지만 만감이 교차했다. 엄마한테 맞는 것은 정말 싫다. 일전에 친구와 싸운 일 때문에 안 죽을 만큼 맞은 적이 있다. 지금도 다시 한번 맞을 생각을 하니 끔찍하다 못해 공포감이 엄습해 온다. 그러나 얼른 꿀 뚜껑을 닫지 못하고 꿀 병을 들여다봤다. 그런데 참 이상하다. 미란이와 내가 몇 번을 번갈아 가며 찍어 먹었는데도 별로 표시가 나지 않는다. 나는 속으로 쾌재를 불렀다.
'그래 몇 번은 더 찍어 먹어도 별로 표시가 안 나겠는데…….'
엄마한테 혼날 염려도 없고 이토록 맛있는 꿀을 몇 번은 더 먹을 수 있다는 생각이 들자 무척이나 흐뭇했다.
"미란아! 이 오빠가 인심 썼다 두 번 더 찍어 먹거래이. 대신 엄마한테는 절대 비밀이데이. 알았나?"
미란이는 금방 헤헤헤 웃으면서 바짝 다가앉는다.
"오빠야! 걱정하지 마라. 절대 엄마한테 이르지 않을게."
미란이와 나는 키득키득하며 달고 오묘한 맛을 지닌 꿀을 번갈아 가며 퍼먹었다. 처음에는 걱정이 되었지만, 어느새 까마득히 잊고 있었다. 그러는 사이 어느덧 해는 뒷산 꼭대기에 걸려 있다. 막내 진호는 이러한 큰 사건이 생긴 줄도 모르고 한 번도 깨지 않고 쌔근쌔근 자고 있다.
그런데 이상했다. 다음날 엄마는 꿀 병을 보고도 혼내지 않았다. 그냥 우리들을 바라보며 속으로 우시는 것 같았다.

섣달그믐이다.
엄마와 큰형 그리고 작은형은 정말로 개미처럼 일만 한다. 큰형은 술 양조장에서, 작은 형은 대도시에 있는 고모할머니 비단가게에서…. 작은 형은 나중에 가게를 차려 준다는 고모할머니의 말을 철석같이 믿고 있었다. 작은 형의 목표는 자신의 가게를 차려서 엄마와 형, 그리고 동생들과 함께 모여 살 수 있다는 소박한 꿈을 지닌 채 새벽에 나가서 밤늦게까지 일하는 기계, 즉 일벌레가 되어있었다.
엄마 또한, 비가 오나 눈이 오나 바람이 부나 단 하루도 쉬지 않고 미역, 김, 명태, 오징어, 다시마 등을 읍내 장에서 떼어서 내다 팔았다. 그러다가 설 명절을 한 달 남짓 앞두고는 차례상에 올릴 대추, 밤, 한과까지도 떼어다 팔았다. 엄마의 성실함 때문에 장사는 날이 갈수록 잘 되는 듯싶었지만 살림이 그리 크게 더 나아지지는 않는다. 돌아가신 아버지가 남겨 놓은 빚 때문이었다. 그러다 보니 쪼들리기는 매한가지다.

"명호야! 많이 춥지? 일루 바짝 다가 온나."

큰형이 나를 아궁이 앞으로 더욱 끌어당기며 하는 말이다. 양조장에 다니던 큰형은 어제 점심나절부터 설 다음 날까지 쉰다그 했다. 정확히 말하면 쉰다고 할 수 없다. 양조장은 설이나 추석 명절이 한층 더 바쁜데도 불구하고 양조장 주인이 다른 사람으로 바꾸고 형이 대신 쉬는 것이다. 큰 아궁이에 무쇠 가마솥을 걸어 놓고 큰형은 왼쪽에서 열심히 풍로를 돌리고 나는 오른쪽에서 채 마르지 않은 청솔가지를 아궁이 안으로 밀어 넣는다. 그 때문에 불이 붙을 수 있도록 풍로를 돌리는 일은 숙달된 사람이 해야 한다. 형이 윙윙 소리를 내며 열심히 돌렸지만, 아궁이에 밀어 넣은 청솔가지에 불이 잘 붙지 않고 메케한 연기만 가득가득 피어오른다.

"콜~ 룩! 콜~ 룩!"

"형아야! 많이……. 콜록! 콜록!"

"내는 괜, 찮 콜록! 콜록!"

큰형과 나는 메밀묵을 쑤고 있다. 보통 때 같으면 엄마가 부엌일을 해야 하지만 내일이 설날이라 엄마는 큰집에 차례상에 차릴 음식준비를 하러 갔다. 아버지가 세상을 떠나고 처음 맞이하는 설날임에도 불구하고 지난 추석 때와 마찬가지로 큰집에서 음식을 해서 가져오기로 했다. 물론 음식에 들어갈 비용은 엄마가 미리 갖다 준 상태다. 엄마는 우리 집에서 음식을 준비하고 싶었지만 무슨 꿍꿍이가 있는지 큰엄마는 무슨 큰 인심이나 쓰는 듯 큰집으로 와서 준비하라고 했지만 실은 그 비용을 우리 집이 댔다.

그 때문에 메밀묵을 쑤는 일은 나와 큰형 몫이 되었다. 동생인 미란이와 진호는 엄마가 데리고 갔다. 풍로는 큰형의 손을 타고 앵앵앵 소리를 내며 부지런히 돈다. 시간이 지나자 메케한 연기도 사라지고 시뻘건 불길은 아궁이 안에서 열심히 청솔가지를 태우고 있다. 나는 아궁이에 청솔가지를 넣기를 중단하고 조그마한 아주까리 잎 같은 손은 불 앞으로 내밀었고, 엉덩이는 뒤로 조금 물러났다. 검정 고무신이 불에 한껏 달아오른 탓에 발등이 몹시 뜨거웠기 때문이다. 형이 피식~ 하고 웃는다. 그으음과 함께 어우러지는 붉은 불빛에 비친 형의 웃는 모습은 살아생전의 인자했던 아버지의 모습을 떠오르게 했다. 아버지는 자식들에게 엄격했던 반면에 한편으로는 무척이나 인자하고 자상했다.

"명호야, 니, 이제. 좀 안 춥나?"

"히! 히! 히! 형아야, 뜨거워 죽겠데이."

이때, 가마솥에서 김이 모락모락 피어오르기 시작한다. 형은 벌떡 일어나 얼른 무쇠 솥뚜껑을 연다. 그리고는 긴 나무 주걱을 집어 든다. 나는 큰형의 팔에 매달리다시피 하며 큰형을 따라 일어섰다.

"형아야! 내가 저어 볼 끼다."

형은 놀라는 기색이 역력하다.

"뭐! 뭐라꼬? 명호, 니가 젓겠다고?"

"형아야. 내가 못 저을 줄 아나?"

"……"

아무 말이 없는 것을 보니 기가 찬 모양이다.
"형아야, 걱정하지 마라. 수제비 끓일 때마다 부뚜막에 올라가 밀가루 반죽은 내가 다 떠넣었다."
"이건 밀가루 반죽하고는 많이 다르데이. 이 긴 나무 주걱으로 타지 않게 젓는 게 얼마나 힘든 줄 아나?"
"우쨋던 내도 할 수 있다."
나는 큰형의 대답도 듣지 않고 익숙한 동작으로 부뚜막으로 재빠르게 올라갔다. 그리고 긴 나무 주걱으로 휘~휘~ 젓기 시작했다. 빙글빙글 젓기도 하고 때론 갈지자 모양으로 젓기도 하면서……. 쪼그리고 앉아서 저어 대는 것이 재미있다.
"명호야! 힘들면 말 하거래이."
"알았다. 형아야."
"그란데, 명호야! 니 둘째 형 많이 보고 싶지?"
순간, 가슴이 울컥해지며 눈시울이 뜨거워지는가 싶더니 콧등이 시큰해지며 콧구멍이 맹맹해진다. 나는 힘없이 고개만 끄덕였다.
"그라모, 명호 니 이 노래만 부르면 틀림없이 강호 형이 온데이."
"그, 그 노래가 뭐꼬?"
그 노래는 라디오를 타고 흘러나오던 당시 한창 유행하는 은방울 자매의 [마포종점]이라는 노래였다. 물론 어린 나는 그 노래를 알 수 없었지만, 조금만 철이든 청년이면 누구나 아는 노래다.

밤 깊은 마포종점 갈 곳 없는 밤 전차
비에 젖은 너도 섰고 갈 곳 없는 나도 섰다
강 건너 영등포에 불빛만 아련한데

보고 싶은 둘째 강호 형 기다리고 기다린다.

　　"형아야! 무슨 노래가 그러노? 노래에 둘째 형 이름이 와 나오는데?"
　나는 열심히 노래를 따라 부르다 말고 큰형에게 따지듯 물었다. 그러나 큰형은 무척이나 태연하다.
　　"싫으면 말거래이. 안 부르면 니 둘째 형은 영영 안 온다."
　강호 형이 영영 안 온다는 말에 덜컥 겁이 났다.
　　"아이다. 내 그냥 해본 말이다."
　　"그라모, 니, 군말 없이 그대로 따라 불러야 된데이."
　나는 양팔을 수차례 바꾸어 가며 긴 나무 주걱을 열심히 저으면서 고개를 끄덕였다.

　　보고 싶은 둘째 강호 형
　　기다리고 기다린다.
　　마차는 떠나갔어도
　　강호 형은 돌아온단다.

　몇 번을 따라 부른 탓에 그 대가를 톡톡히 치러야 했다 다리가 저리고 양팔이 아픈 것은 고사하고 골고루 젓지 못한 탓에 메밀묵은 가마솥 밑바닥에 많이 눌어붙었다. 형은 넓고 넓적한 옹기 세 곳에 바가지로 각기 나누어 퍼 담았다. 그리고는 차디찬 마루 한쪽 구석으로 옮겼다 묵은 식어서 차가워야만 제맛이 난다.

4

그날 저녁, 나와 큰형은 방 한가운데서 화롯불을 지펴놓은 뒤 동구 밖까지 가서 엄마를 기다렸다. 쌔앵~ 쌩 불어대는 섣달그믐날의 칼바람은 살갗을 도려내는 듯 춥다.

"명호야, 니 많이 춥지?"

나는 귀와 손을 연신 비벼댔지만, 입술은 달달달 떨린다. 엄마가 낮에는 장사하면서 밤늦게 돌아와 우리가 자는 틈을 타서 틈틈이 솜을 넣어 바지저고리를 만들었다. 이 옷이 설빔이다. 정성스럽게 만든 솜바지 저고리는 살을 에는 듯한 추운 날씨에 제격이지만 오늘처럼 살갗을 파고드는 칼날 같은 추위에는 견뎌내기가 어렵다.

"응, 형아야! 추위서 죽을 것 같데이. 형아는 안 춥노?"

큰형도 두 손을 열심히 비벼대는 것을 보니 무척 추운가 보다.

"내도 많이 춥데이. 니는 나오지 말고 집에 있으라카이. 와 따라 나왔노?"

"형아야! 내도 빨리 엄마 보고 싶어서 나왔다."

"그나저나 엄마는 와, 이리 안 오시노?"

큰형의 그 말이 끝나자마자, 저 멀리서 시커먼 물체가 이곳을 향해 다가오는 것이 보인다.

"엄마다."

말이 채 끝나기도 전에, 큰형과 나는 달려나갔다. 저만치 앞에서 다가오는 검은 물체도 우리를 향해 다가오는 속도가 한층 빨라진다.

"어무이요."

"어~엄마아~!"

나는 두 팔을 벌리고 뛰어나갔다. 동시에 엄마도 두 팔을 벌리고 빠른 걸음으로 다가온다. 나는 엄마를 힘껏 껴안았다. 추웠지만 엄마 품이 무척이나 포근하다. 엄마도 나를 꼭 껴안는다.

"우리 명호, 잘 놀았노?"

"응, 엄마! 형아와 내가 메밀묵 다 만들어 놨데이."

엄마는 연신 내 볼에 입을 맞추며 엉덩이를 툭툭 친다.

"으이구, 내 새끼들 애썼데이."

이때 미란이도 -오빠야- 하면서 큰 형 품 안으로 파고든다. 큰형은 미란이를 꼭 끌어안고는 연신 입을 맞추며 칠흑 같은 어두운 밤길을 앞장섰고 나는 엄마의 손을 꼭 잡고 뒤를 따랐다. 여전히 불어대는 날카로운 칼바람은 우리들의 귓전을 도려내듯 스치고 지나간다.

오늘은 아랫목이 다른 날에 비해 유난히 따뜻하다. 묵을 쑤기 위해 아궁이에 불을 많이 지폈기 때문이다. 그뿐만 아니라, 엄마를 마중하러 가기 전에 큰형이 지펴놓은 화롯불로 말미암아 온 방 안이 더욱 뜨끈뜨끈하다.

탁, 탁, 탁, 탁, 티딕.

발갛게 피어오르는 참나무 숯불 속에서는 겨울의 유일한 요깃거리인 고구마가 가뭇가뭇 익어간다.

사실, 봄부터 자갈 산을 개간한 밭에는 메밀을 심었던 터라 고구마를 심을 곳은 없었다. 그러니 고구마가 있을 리 없지만, 이웃

집에서 고구마를 다 캐고 나면 고구마 뒤캐기를 한다. 추수하고 난 후 벼 이삭줍기하듯이 말이다.

"명호야! 학교 끝나모, 오늘은 문술 아제네 밭으로 오거래이."

"나, 무지 힘들다. 오늘은 안 가모 안되나?"

"니, 뭐라카노? 고구마라도 쪼매 캐놔야 겨울에 느그들이 덜 배고픈 기라. 잊지 말고 오거래이. 문술 아제네 밭이데이."

어제오늘 연 이틀째다. 다 캐고 난 남의 집 고구마 밭을 무딘 괭이로 깊이 아주 깊이 파내 헤집어 내야 한다. 쟁기로 깊이 갈아엎은 밭에서는 고구마가 나오는 것은 극히 드물어서 괭이로 캐낸 밭으로 가서 뒤캐기를 해야 한다. 그러나 그것마저 치열한 경쟁 탓에 무척이나 부지런히 움직이어야 한다. 다 캐고 난 뒤 한 이랑에서 서너 개씩 남은 고구마를 캔다는 것이 여간 힘들지 않는다. 그러나 문술 아저씨는 고구마 뒤캐기하는 사람들을 위해 아주 알뜰히 파헤쳐 다 캐내지는 않는다. 그 때문에 문술 아저씨네 고구마밭에는 늘 사람들이 붐빈다. 어제 고구마를 캐냈기에 오늘은 아침 일찍부터 문술 아저씨 밭에 사람들이 많이 몰릴 것이다.

"알았데이."

나는 힘없이 대답하고 고개를 푹 숙이고 학교로 갔다. 오늘따라 학교가 늦게 끝났다. 한 아이가 필통을 잃어버려서 그것을 찾기 위해 야단법석을 떨었기 때문이다. 집에 오니 예정된 시간보다 한 시간 이상은 지체된 것 같다. 둘러메고 온 책보를 방 한구석으로 휙 집어 던지고 엄마가 오라는 문술 아저씨 밭으로 냅다 뛰었다.

'늦어서 많이 혼날 낀데…….'

그리 넓지 않은 밭에는 아침부터 고구마 뒤캐기하는 사람들로 붐비고 있다. 엄마는 한번 쳐다보고는 혼내지 않았다.

"퍼뜩 온나. 명호 니는 저짝 고랑부터 파보거래이. 다치지 않게 괭이질 조심하고……."

"알았데이. 엄마나 조심해라."

많은 사람이 이곳저곳을 열심히 파헤치고 있다. 앞뒤를 돌아볼 여지도 없이 열심히 파나가다 보니 어느덧 추위도 잊고 이마에서는 땀방울이 송글송글 맺힌다. 그러나 그것도 잠시. 해가 산허리를 타고 사라지자 저녁 찬바람을 타고 추위가 찾아든다.

"어무이! 춥다 그만 가자."

"쪼매만 더 파보재이."

그렇게 엄마와 나는 밤이 이슥하게 몇 이랑을 더 헤집고 나서야 일어났다. 어제 박 씨 아저씨 밭에서보다는 많이 캤다. 큰 소쿠리에 한가득 차기에는 조금 부족했다.

오늘도 엄마는 소쿠리를 이고 나는 엄마 뒤를 따라 집으로 돌아온다. 엄마는 가늘게 한숨을 내쉬며 혼자 말로 중얼거린다.

"휴, 갈수록 흉년이니 우예 살아갈꼬."

나는 엄마의 뒷모습에서 처음으로 애처로움을 느꼈다.

"아나, 고구마 먹거래이."

엄마가 노릇노릇하게 익은 고구마를 먹기 좋게 갈라서 미란이에게 건네준다.

"응, 엄마! 난 이 세상에서 엄마가 제일 좋아 헤! 헤! 헤!"

미란이는 마냥 신이 난 듯 연신 헤헤거리며 웃는다. 엄마는 입가에 엷은 미소를 머금은 채 미란이의 머리를 쓰다듬는다.

오랜만에 엄마의 미소를 보았다. 늘 생활에 쪼들려 지내다 보니 엄마는 웃음을 잃어버린 줄 알았다 엄마의 웃는 모습이 무척이나 좋았다. 지금도 생각하면 마음이 찡해온다. 방안은 늘 춥다. 겨울을 나기 위해서는 가을 동안 해놓은 나무를 아껴 불을 지펴야 한다. 너나 할 것 없이 나무를 마구 해대는 바람에 산은 온통 민둥산으로 변했다. 그러니 땔감이 턱없이 부족할 수밖에…….

그러나 오늘은 큰형과 내가 묵을 쑤었기 때문에 온 방 안이 절절 끓었다. 물론 그것도 새벽녘이 되면 다 식을 테지만…….

진호는 아무것도 모르고 한쪽 구석에서 쌔근쌔근 자고 있다.

"형아아! 형아 이마가 시커멓데이. 킥! 킥! 킥!"

"니는 이 형아보다 더 시컬멓데이."

나와 형은 서로 얼굴을 쳐다보며 낄낄거리며 웃었다. 옆에서 이부자리를 정리하던 엄마도 빙그레 웃는다.

"그리들 좋나?"

나는 입을 삐쭉 내밀었다.

"그라모, 엄마는 안좋나?"

엄마는 손을 가로 내저었다.

"어데? 내도 좋데이."

"하! 하! 하!"

"히! 히! 히!"

시간이 대략 두 시간쯤 흐른 듯하다.

"성호야! 묵 다 식었을 끼다. 방으로 가지고 들고 들어온나."

엄마의 말이 떨어지기가 무섭게 형은 재빠르게 밖으로 나간다. 묵을 쑨 후 밖에서 두어 시간 차갑게 식혀야 제맛이 난다. 형이 넙적한 옹기 시루에 담긴 묵을 낑낑거리며 들고 들어온다. 그사이 엄마는 칼과 도마를 들고 들어 왔다.

"성호야! 동네 몇 집이나 되노?"

"움마(윗마을) 호식이 아제네까지 치면 스물일곱 집입니더."
"작년보다 두 집이 줄었네."
"어무이, 밍순네하고 월분네는 이사 갔심더."
"아참! 맞데이. 내가 그만 깜박 했데이."
 엄마는 메밀묵을 큼직큼직하게 잘라서 노란 양재기 그릇에 한 덩어리씩 담는다.
"성호야, 니는 움마(윗마을)부터 돌리고, 명호 니는 집에서 가차운 곳부터 돌리거래이."
"알겠심더. 어무이."
"야!"
 형의 힘찬 대답과는 달리 내 대답에는 힘이 없다. 엄마는 매년 이맘때인 섣달 그믐날 밤에는 메밀묵을 쑤어서 집마다 꼭 돌렸다. 물론 우리 집만 돌리는 것이 아니라 대부분의 집이 먹을 것을 돌렸다 쌀로 뺀 흰 가래떡이거나 아니면 쌀겨로 뺀 검으티티한 가래떡을 돌리는 것이 예사였지만 우리집은 가장 싼 메밀묵을 돌렸다. 작년까지만 해도 메밀을 사다가 메밀묵을 만들어 돌리곤 했다.

 보릿고개, 살을 에는 듯한 음력 섣달 그믐날. 지금이 가장 힘들다는 보릿고개 시기다. 어린 나는 그 시절 허기와 함께 자랐다. 굶주린 배를 달래려 소나무 껍질을 벗겨 속껍질인 송기를 찧어 먹었다. 입안 가득 퍼지는 떫고 쓴 맛에도 배 속이 조금이나마 채워지면 그것으로 만족했다.
 엄마는 이웃집에서 밀가루를 빻고 난 뒤 나온 밀 껍질을 얻어와, 그것으로 아랫동네 방앗간에서 뽑아낸 거칠고 붉은 불뚝국수(밀 껍질 된 힘이 없고 뚝뚝 끊어지는 누런 국수)로 어린 우리들의 허기진 창자를 채워 주곤 했다. 풀뿌리와 나무껍질, 독초가 아닌 것은 무엇이든 입에 넣던 시절, 가난했지만 생명은 끝내 살아남으려 몸부림치고 있었다.

그뿐만 아니라, 동생들이 아플 때면 신기하게도 늘 보리쌀에 쌀이 섞인 밥이 상에 올랐다. 보리 한 톨 없는 집이었는데도, 동생들이 아플 때는 시커먼 보리밥에 흰 쌀밥이 섞여 있었다.

어린 나는 엄마가 마치 요술쟁이 같아 보였다. 그래서 나도 아파 보았으면, 그 흰 쌀밥을 맛볼 수 있지 않을까 하는 생각이 들기도 했다. 어느 날인가는 막내 진호가 저녁부터 열이 났다. 엄마는 풀보다 묽은 수제비국을 끓여 수저로 떠먹이시며 나를 불렀다.

"명호야, 니 돼지할매 집에 가서 쌀 반 되하고 보리쌀 반 되만 꿔 온나."

그제야 알았다. 엄마는 동생들이 아플 때마다 이웃집에서 쌀과 보리쌀을 조금씩 꾸어와 혼밥을 지어 주었던 것이다. 그리고 허름한 공책 귀퉁이에 연필로 빚을 적어 두었다가, 봄이나 가을 수확이 돌아오면 반드시 그 양보다 조금 더 보태어 갚곤 하셨다. 그 공책 속 숫자와 빚의 흔적들은 가난했지만, 서로의 삶을 이어가던 시절의 조용한 증표이자, 엄마의 눈물 섞인 사랑의 기록이었다는 것을 나중에야 알았다.

한데, 올해에는 달랐다. 비록 자갈밭에서 난 쭉정이일지라도 엄마와 형들이 피땀 흘려 개간한 우리 밭에서 수확한 메밀로 묵을 만들어 돌리는 것에 대해 엄마는 기분이 무척이나 좋은 듯했다.

"명호야, 니는 와 그리 힘이 없노?"

"……"

사실 힘이 날 리가 없다. 메밀묵을 돌리는 대신 이웃집에서 들어오는 가래떡을 먹을 수 없기 때문이다. 그뿐만 아니라, 우리는 메밀묵을 단 한 집도 빼놓지 않고 돌리지만, 이웃집은 주위 몇몇 집만 돌리기 때문에 우리집에 들어오는 가래떡은 그리 많지가 않을뿐더러 들어온 가래떡을 말린 뒤 썰어서 정초에 찾아오는 손님들에게 떡국을 대접해야 하기 때문이다. 그렇다고 메밀묵도 마음대로 먹을 수 있는 것도 아니다. 동네 돌리고 남은 것에서 손님 접대용으로 남기고 난 후에야 비로소 우리 몫이 정해지기 때문에 충분히 먹을 수 있는 양이 아니다.

"명호야, 퍼뜩 돌리고 우리도 메밀묵 따시게 말아 묵제이. 그때쯤이면 니 둘째 형아도 안 오겠나?"

둘째 형이란 말에 정신이 번쩍 들며 힘이 솟아났다.

"엄마! 참말로 둘째 형아 오나?"

"하모, 아까 노래 안불렀나? 반드시 온데이. 니 보고 싶어서더라도 꼭 올 끼다."

둘째 형을 생각하니 눈가에서 눈물이 찔끔 나온다.

'둘째 형아 많이 보고 싶데이. 빨리 온나.'

나는 속으로 중얼거리며 바람보다 빠른 속도로 칠흑보다 더 어두운 섣달 그믐날 밤을 갈랐다. 한참 후에야 집집마다 묵을 다 돌렸다.

"헥! 헥! 헥! 아이고 힘들어 죽겠데이."

"명호야, 힘들제? 추운데 퍼뜩 들어온나."

헉헉거리며 뛰어들어오는 나를 먼저 끝내고 들어 온 큰형이 끌어안으며 하는 말이다. 작은형의 소식이 무엇보다 궁금했다.

"형아야! 작은 형아는 언제 오노?"

"곧 안 오겠노?"

"……"

"명호야, 배고픈데 묵부터 묵자. 엄마가 준비 다 해 놨데이"

나는 묵 시루를 쳐다봤다. 세 시루 중 한 시루 반은 이미 바닥이 났다. 엄마는 남은 시루의 메밀묵을 손질하고 있다. 나는 다시 시무룩해졌다. 그러한 내 심정을 아는지 모르는지 엄마는 빙그레 웃는다.

"명호야, 퍼뜩 다가 앉거래이. 묵 묵자."

"……"

대답이 없자 큰형이 팔을 잡아당긴다.

"명호야! 니, 와 그라노? 묵 잘 돌리고 와서…….."

"싫다, 둘째 형아 오면 묵을 끼다."

내가 시무룩해진 것은 메밀묵이 얼마 남지 않은 것도 그렇지만 사실은 작은형이 오지 않은 것이 더 큰 이유다.

"먹다 보면 니 둘째 형 올 낀데? 먼저 묵재이."

"참말로 묵다 보면 오나?"

"하모."

약간 시무룩해진 표정을 풀며 엄마와 큰형 앞으로 다가앉았다. 배에서는 연신 꼬르르륵 물 흐르는 소리가 난다.

"아! 맛있데이. 엄마 쪼매만 더 주라."

조금 전 시무룩한 것과는 달리 이미 메밀묵 먹는 것에 온통 정신이 팔려있다.

"옛다. 실컷 묵거래이."

모든 것을 늘 아끼는 엄마가 오늘만큼은 전혀 아끼지 않는다.

"헤! 헤! 헤!"

"성호야! 니도 마이 묵거래이."

"야! 어무이도 마이 드시소."

미란이와 진호는 메밀묵을 돌리는 사이 미리 먹고 따뜻한 아랫목을 독차지하고는 꿈나라에서 신나게 뛰어노는 듯하다.

이때, 멀리서 부우~웅 하는 소리가 차츰차츰 가까이 들려온다.

"형아야! 저 버스에 둘째 형아 안 오나?"

내 말이 떨어지기가 무섭게 어느새 큰형은 밖으로 달려나간다. 말은 안 해도 큰형도 무척이나 작은 형을 기다리는 모양이다. 하긴 아까 묵을 쏠 때 노랫말을 바꿔서 불렀던 것만 봐도 알 것 같다. 나도 급히 뒤따라 나갔다.

"형아야! 같이 가자."

"저래 좋노?"

들려오는 엄마의 혼잣말을 뒤로하면서 쏜살같이 큰형의 뒤를 따랐다. 읍내에서 들어오는 버스정류장에는 이미 많은 사람이 저마다 사랑하는 가족을 맞이하기 위해 나와 있었다.

"아직도 강호가 안 왔노?"

멀리 대구로 돈 벌러 간 칠분이를 기다리며 하는 칠분이 어머니가 하는 말이다.

"야! 아지매."

"저 버스에 안 오면 다음 차에 안 오겠나? 쪼매만 더 기디려 보재이."

"아니! 아지매요. 저 차가 막차 아닙니꺼?"

큰형의 말에 칠분 어머니가 빤히 쳐다본다.

"성호, 니 모르고 있었노? 오늘은 섣달그믐이라 새벽 두 시에 뻐수 한 번 더 온다 카더라."

그러는 사이 버스가 요란스럽게도 덜커덩거리며 다가와 멈춘다.

버스에서 내리는 사람들과 기다리는 사람들로 뒤엉켜 북새통을 이룬다.

--엄마, 나 왔데이.--
--야야, 울매나 고생이 많았노?--
--마이 보고 싶었데이. 엉! 엉! 엉.--
--울지마라. 챙피 하데이.---

결국, 둘째 형은 오지 않았다. 나는 온몸에서 힘이 스르르 빠져나가는 것을 느꼈다. 큰형도 힘이 빠져나갔는지 말에 힘이 없다.
"명호야! 춥다. 들어 가재이."
"쪼매만 더 기다려보자."
"버스가 두 시 돼야 온다. 안 카더나?"
"그래도……."
내 말이 끝나기도 전에 큰형은 팔을 잡아당긴다."
"이따 2시에 다시 나오재이."
"그때는 내 잠들 낀데."
큰형이 머리를 쓰다듬으며 꼬옥 끌어안는다.
"우리 명호 잠 오노?"
"아직은 안 오지만 2시까지는 모르겠다. 형아야!"
"오늘은 잠자면 안 되는 날인기라."
"……"
"잠자면 눈썹 하얗게 세게 되는 것을 모르노?"
"그라모 진호와 미란이는 우야노?"
"학교 안 댕기는 애들은 괜찮데이."

정말 그런 것 같다. 지난해에도 학교 다니지 않는 아이들은 괜찮은 것 같았고, 학교 다니는 아이 중 몇몇은 눈썹이 하얗게 변해 있었던 것을 본 적이 있다.

"형아야. 그 말이 참말이가?"

"왜 내가 거짓말하는 것 같노?"

나는 걱정이 가득찬 얼굴로 시무룩한 표정을 지으며 고개를 끄덕였다.

"내가 왜 사랑하는 동생에게 거짓말 하겠노?"

"아! 우짜노? 형아야!"

"우짜긴 안자면 괜찮데이."

천천히 걸으며 방 안으로 들어갔다.

"강호는 안 왔노?"

"야, 어무이."

잠을 이기기 위해 하던 윷놀이도 눈꺼풀이 내려앉는 것을 막을 수는 없었다.

"아이고 우야노! 잠자면 안 되는데……. 음냐음냐."

얼마의 시간이 흘렀을까? 왁자지껄하는 시끄러운 소리에 번쩍 눈이 떠였다.

"우리 명호, 잘 있었노?"

꿈에서라도 보고 싶고 듣고 싶은 둘째 형 목소리다.

"형아야! 둘째 형아 맞노?"

"아이고, 명호는 둘째 형도 잊었는가 보다. 내 안 보고 싶었는갑네?"

나는 둘째 형 목을 힘껏 끌어안으며 얼굴에다 입을 맞췄다.

"아이다. 형아야! 내 울매나 형아 보고 싶었는 줄 아나?"

둘째 형도 내 엉덩이를 토닥거리며 연신 볼을 비벼댄다.
"글나? 이 형아도 우리 명호 울매나 보고 싶었다꼬."
나는 더욱 세차게 형을 끌어안았다.
"강호 혀~엉!"
이때, 엄마의 다정한 음성이 잔잔하게 들린다.
"명호, 니, 그리 좋노?"
나는 엄마 쪽을 향해 혀를 날름거렸다.
"하모 참말로 좋데이. 그라모 엄마는 안 좋나?"
"이놈아는? 누가 안 좋다 카더나? 내도 좋다. 자슥들이 다 모이니 내도 억수로 좋데이."
이때, 큰형이 빙그레 웃으며 나를 떼어 놓는다.
"강호형아, 시장 할 끼다. 묵 좀 먹게 그만 좀 하거래이"
나는 검지를 치켜세우고는 눈을 찡긋하며 애원하듯 매달렸다
"한 번만 딱 한 번만, 응? 형아야."
"명호야! 둘째 형아 읍내에서 밤새 걸어와서 온몸이 다 얼었데이. 몸 좀 녹이게 그만 내려온나."
 엄마의 말에 그제야 강호형의 몰골을 자세히 살펴볼 수 있었다. 다 녹지 않은 잔설을 밟으며 오느라 바지는 무릎 바로 아래까지 젖었고 손발은 온통 얼어서 퉁퉁 부은 것 같았다. 새벽 2시 막차를 간발의 차이로 놓치는 바람에 하는 수 없이 걸어올 수밖에 없었다고 했다. 그래도 꿈에라도 보고 싶은 가족들이 기다리는 집에 갈 수 있다는 생각에 서너 시간 걷는 것은 그리 큰 문제가 되지 않았다. 물론 추위도 잊었다 집에 와서야 비로소 온몸이 언 것을 알았다. 그날 밤 난생처음으로 그토록 먹고 싶었던 알사탕, 고구마과자, 꽈배기 등을 실컷 먹을 수 있었다. 작은형이 일하는 곳에서

간식으로 나온 과자를 아끼고 아껴서, 모아서 가져온 것이다.

5

 오늘은 설날이다.
 "성호 에미 퍼뜩 이리 와서 놋그릇부터 닦아 놓게나."
 "야, 성님."
 "어제 이 놋그릇마저 닦아 놓고 가라캐더만, 와 그냥 갔는가?"
 "저 그게 너무 늦어서……."
 "시끄럽네. 우예든동 늦지 않도록 퍼뜩 닦아 놓게."
 "야! 성님! 그런데 세호네와 상호네는 아즉……."
 "아직 안 왔네. 그년들이 언제 제시간에 오는 거 봤는가?"
 "…… ."
 큰형과 둘째 형, 나 그리고 미란이와 진호가 큰집 대문을 막 들어설 때 큰엄마가 엄마를 심하게 닦달하는 소리가 들려온다. 우리가 멈칫멈칫할 때 큰엄마가 부엌문을 박차고 나온다. 우리는 모두 허리를 무릎까지 굽히며 깍듯이 인사를 했다.
 "안녕 하심니꺼? 큰어무이. 지들 왔심더."
 "왔노?"
 큰엄마는 사팔뜨기 눈으로 우리를 쓰~윽 한번 훑어보고 한마디 툭! 뱉고는 뒤꼍으로 사라진다. 다른 친구들은 큰집 자랑도 많이 한다. 한데, 큰집에 정이 없었던 우리 형제는 자랑할 것이 없다. 그뿐만 아니라 큰집에서 어쩌다가 밥 한 끼 먹는 것도 심한 눈치를 봐야 하니 당연히 자랑거리라고는 눈곱만큼이라도 있을 수 없다.

언젠가 내가 아침 일찍이 큰집에 심부름하러 갔을 때 큰엄마가 밥을 먹다 말고 생선토막 하나를 재빠르게 다락으로 치우는 것을 봤다. 어린 마음이지만 무척이나 슬펐다.

엄마는 큰일이 있을 때마다 만사일 제쳐두고 새벽같이 넘어가 일을 도우곤 했다. 아니 심지어 작은집에도 일이 있을 때마다 이른 새벽에 넘어가서 온갖 허드렛일을 하는 엄마다. 나는 그게 무척이나 싫었다. 그렇게 일을 시키고도 쌀 한 됫박은커녕 먹을 것 하나 싸주지 않는 큰집과 작은집이다. 엄마는 아무 잘못도 없으면서 큰엄마나 작은 엄마에게 늘 꼼짝을 못 한다. 잘못이 있다면 아버지가 일본에서 피땀 흘려 부쳐온 돈으로 큰집을 잘 살게 해준 죄밖에 없다.

설날인 오늘 아침에도 새벽같이 일어나 미란이는 큰형이 업고 진호는 작은형이 업어서 귀를 뚫고 지나가는 듯한 칼바람을 뚫고 오리나 떨어진 이곳 큰집까지 온 것이다. 엄마는 어제도 큰집에서 죽으라고 일을 하고 오늘은 눈을 뜨기가 무섭게 큰엄마의 명을 받들어 큰집으로 득달같이 달려갔던 것이다. 설날이라 집안 어른들은 물론 아이들까지 다 모여서 차례를 지낸다, 아이들은 그동안 굶었던 배를 한꺼번에 채울 수 있는 절호의 기회다. 종갓집인 큰집부터 시작해서 올해 첫 설날 차례를 올리는 우리 집까지 오면 어둑어둑할 것이다.

어제 엄마를 비롯한 큰엄마 작은 엄마 둘 이렇게 차례 음식을 준비했다고 하지만 대부분 엄마의 정성 어린 손길이 닿았다는 것은 불을 보듯 뻔한 일이다.

이때, 집안 어른들과 아이들이 하나둘 모여든다.

"아제, 왔심니꺼?"

"조카 왔나?"

"동상 왔는가?"

"예, 성님. 지 왔심더. 새해 복 많이 받으시소."

"동상도 건강하고 복 많이 받게."

이렇게 서로 집안 어른들끼리 만나서 새해 첫인사를 나누는 사이 큰아버지는 작은아버지 두 분과 함께 차례상을 진설하고 있다. 70이 훨씬 넘은 할머니는 고만고만한 손자들을 돌보고 있다. 어느 틈엔가 진호와 미란이도 할머니 옆에 바짝 붙어서 졸! 졸! 졸! 따라다닌다. 할머니는 무척이나 인자하다. 할아버지는 엄마가 시집오기 전에 이미 세상을 떠났기 때문에 전혀 기억에 없다. 할머니는 4형제와 두 딸을 두었다. 아버지 위로 큰아버지 한 분과 아래로 고모 두 분 그리고 작은아버지 두 분이 계신다.

"니 아부지 형제들은 니 할매를 닮아서 법 없이도 살 양반들인데 동서들은 우예 저리 못됐노?"

큰엄마나 작은 엄마들에게 혹사당하고 난 후면 혼잣말로 한마디씩 하던 엄마의 하소연이다.

이때, 사립문 열리는 소리가 들린다. 둘째 작은 엄마다. 큰형과 작은형은 얼른 고개를 숙여 인사를 한다.

"숙모님 오십니꺼?"

"그래. 너그들 왔노?"

둘째 작은 엄마는 형들 뒤에 서 있는 나를 보고는 얼음장보다 더 차디찬 날카로운 눈으로 쳐다본다.

"명호, 니는 이 작은엄마보고 인사도 안하노?"

사실 나는 작은 엄마들뿐만 아니라 큰 엄마에게도 인사하고 싶은 마음이 눈곱만큼도 없다. 아마 형들도 마지못해 인사를 했을 것이다. 나는 꾸부정한 자세로 고개를 숙이는 둥 마는 둥 했다.

"작은어무이, 안녕 하……."

인사가 끝나기도 전에 듣기도 싸늘하고도 거북한 음성만 남긴 채 부엌으로 들어간다.

"됐다. 그만."

어제는 온종일 차례 음식준비하고 설날인 오늘은 이른 새벽에 비수보다 더 날카로운 칼바람을 뚫고 큰 집에 넘어와 모든 준비를 혼자서 한 엄마다. 바로 옆에 사는 작은 엄마 둘은 늦게야 큰집에 와서는 일은 하는 둥 마는 둥 한다.

"자네들 왔는가?"

"야, 성님."

"좀 빨리 오지 않고?"

엄마의 그 말에 두 작은 엄마는 발끈한다.

"아니, 성님 그걸 말이라 하는교? 우리가 성님하고 같소?"

"내 말은……."

"시끄러우니 그만 하소."

늘 대화가 이런 식이다. 엄마를 무시하고 온갖 잡일을 시키는 큰엄마 작은 엄마들이 정말로 싫다. 부엌에서 여자들이 하는 모든 차례 음식은 엄마가 정성을 다해서 올렸다.

"제수씨. 수고 많았심더."

"형수요. 고맙심더."

안방에서 차례상을 진설하고 있던 큰아버지와 작은아버지들이 엄마에게 하는 말이다. 차례 준비가 끝나면 여자들을 제외한 집안 어른들이 죽 둘러선다. 동네 집안 어른들이 함께 모여서 차례를 지내는 관계로 넓은 마루까지 가득 찼고 우리 같은 아이들은 마루 난간에 아슬아슬하게 서서 차례를 지낼 수밖에 없다. 배가 고픈 아이들은 빨리 끝나기를 학수고대한다. 잠깐이지만 그렇게 긴 시간일 수가 없다. 차례가 끝나고 나면 어른들은 음복이라는 것을 하고 아이들은 뒷방으로 내몰려 어른들이 주는 음식을 먹는다.

"야들아! 많이 묵거래이."

이것저것을 갖다 주며 하시는 할머니의 음성이다.

"응~ 할매! 할매도 많이 묵어."

진호는 무척이나 할머니를 따른다. 아니 모든 아이들이 할머니를 잘 따른다. 특히 나보다 두 살 위의 사촌인 새호형은 자신의 엄마인 작은 엄마보다 할머니를 더 잘 따른다.

""할매! 내는 엄마보다 할매가 백배나 만 배나 더 좋데이."

아니, 이 말은 세호 형뿐만 아니라 집안 손자들은 물론 동네 아이들까지도 하는 말이다. 옛날부터 곰보는 심술이 뚝! 뚝! 뚝! 떨어진다고 했다. 한데 할머니도 곰보이지만 전혀 달랐다. 아마도 살짝 곰보여서 그런 것 같다. 돼지 할머니처럼 동네 꼬마들에게 찬밥 덩이 보리 개떡 한 덩이라도 더 먹이려고 애를 쓴다. 특히나 손자들인 사촌들이나 우리에게 베푸는 정성은 이루 말할 수가 없다. 그런 할머니도 큰엄마 작은 엄마 눈치를 보는 것은 엄마처럼 매일반이다. 그래서 우리에게 가져다주는 음식도 큰 엄마나 작은 엄마 모르게 갖다 주는 것이 훨씬 많다. 이렇게 설날 이른 새벽에 종갓집인 큰집에서 시작해서 고개 너머 우리 집까지 올 때쯤이면 해는 땅거미가 짙게 깔리는 시간이다. 아이들도 계속 따라다니면서 먹었기 때문에 배가 부르다. 못해 터질 지경이다. 아이들은 추위에도 아랑곳없이 서로서로 배꼽을 내놓고 자랑하기 일쑤다. 일 년 중 가장 기쁘고 행복한 날이다. 그뿐만 아니라, 세뱃돈까지 생기기 때문에 일 년 내내 기다리는 설날이다. 물론 집마다 차례 음식을 푸짐하게 내놓는 것은 아니다. 특히나 큰 집은 말할 것도 없다.

"느그들~ 여서 많이 묵으면 안된데이. 그라모 다른 아제네 집에서는 맛있는 것 못 묵는다."

일견 맞는 말인 것 같기도 하지만 큰엄마가 음식을 주기 싫어서 하는 말인 것을 나는 안다. 차례가 끝나자마자 무척이나 재빠른 행동으로 다락으로 음식을 나르는 것을 보면 안다.

"큰엄마! 쪼매만 더 먹으면 안······."

우리들의 애걸스러운 말이 끝나기도 전에 두 눈에서 파란빛이 뿜어져 나온다.

"시끄럽데이. 고마."

올망졸망한 우리는 움찔할 수밖에 없다. 그러나 두 번째로 차례를 지내는 5촌 당숙인 순기 아저씨네 집은 달랐다. 당숙모는 싹싹할뿐더러 차례를 지낸 음식을 모두 내놓는다.

"배고프제? 천천히 많이 먹거래이."

"야, 아지매."

가난한 탓에 배불리 먹지는 못해도 뭐든지 있으면 나눠 먹는 그러한 당숙모다. 우리 집 차례 음식은 큰집에서 해 왔다. 아니 해 왔다기보다 어제 엄마가 큰집에 넘어가서 미리 해놓은 것이다. 우리 집에서 준비하겠다는 엄마를 큰엄마가 기어이 오라고 해서 큰집에서 준비하게 한 것이다. 물론 꿍꿍이속이 있어서였지만······.

그것은 차례상에 올릴 음식 장만에 들어갈 돈은 이미 다 챙긴 상태다, 즉 엄마는 우리 아버지 차례상에 올릴 음식값을 미리 큰집에다가 줬고 그것도 모자라 큰집 차례상에 올릴 음식까지 엄마 혼자서 거의 다 한 것이다. 큰엄마는 피 같은 그 돈까지 떼어먹은 것이다. 해가 뉘엿뉘엿 질 때쯤이면 우리 집 차례가 된다. 설날, 우리 집의 마지막 차례는 춥고 너무 늦었다는 핑계로 큰 엄마와 작은 엄마 둘은 오지 않는다. 엄마를 비롯해 형들과 나 그리고 동생들은 조금 일찍 집으로 돌아와서 차례 준비에 열중이다. 큰형과 엄마는 아버지 빈소에 차례상을 준비하고 둘째 형은 군불을 지피고 있다. 어린 나는 이것저것 잔심부름을 한다. 차례상을 진설하고 있는 엄마와 큰형의 모습이 무척이나 애처롭고 안쓰럽다는 생각이 들었다. 잠시의 시간이 흐르자 엄마의 양어깨가 조금씩 들썩이는가 싶더니 이윽고 들릴 듯 말 듯 하게 흐느낀다.

"흑! 흑! 흑! 성호 아부지 와 이리 일찍 가서 어린 자슥들만 생고생 시킵니꺼?. 와요? 와? 와, 그리 빨리 갔심니꺼?"

옆에서 함께 진설하던 큰형이 엄마의 어깨를 토닥이며 위로한다.

"어무이. 그만 하시소. 아부지도 하늘나라서 도울 껍니더."

엄마는 큰형의 얼굴을 비비며 다시 흐느껴 운다.

"아이고, 내 새끼들! 불쌍해서 우야노? 니 아부지가 웬수데이 웬수."

"어무이, 그런 말 마시소. 세상에서 아부지 같이 좋은 분이 어디 있습니꺼?"

"흥! 좋으면 뭐하노? 자슥들 등골 빼묵을라고 일찍 가뿌는데……."

그러다 말고 다시 울음을 터뜨린다.

"으! 흐! 흐! 흑! 성호 아부지. 흑! 흑! 흑."

군불을 지피고 있던 작은형도 애써 소리를 삼키며 울고 있는 듯 하다.

"아부지, 부디 하늘나라에서는 아프지 마시고 편히 쉬시소."

엄마의 두 눈에는 먼저 간 아버지에 대한 원망이 가득했다.

헌시

아버지

고요한
병실 안

아버지는
온기를 멈추고
난 애써 눈물을 삼켰다

당신의
인자한 눈빛과
아버지의 숨결은

내 안에 남아
한없이 숭모한다

제 3 회
징 용

1

엄마의 이름은 백계옥,

일본은 이미 조선을 침탈하고 중국을 집어삼키기 위해 1937년에 중일 전쟁을 일으키고 중국 난징(南京)을 점령하고 삼십만 명을 참혹하게 살육하는 난징 대학살을 감행한다.

조선의 젊은 청년들을 그 전과는 달리 강제로 징용을 징집하기 시작한다. 엄마의 친혈육은 위쪽으로 한 명의 언니와 아래로 남동생 한 명 이렇게 셋이다. 일찍이 조실부모한 엄마와 엄마의 혈육들은 삼촌인 작은아버지와 작은어머니 집에서 자랐다.

"이, 임자, 옥이, 계옥이는 어디 있소?"

바깥 일을 보고 느지막이 돌아온 엄마의 작은 아버지 즉 작은 외할아버지가 급히 흰 두루마기를 벗으며 하는 말이다.

"왜 그래요? 혹시 가신 일이 잘 안되었어요?"

"지금, 그런 것 따질 때가 아니요."

"아, 숨이나 돌리시고 말씀하세요."

"아니, 옥이는 어디 있느냐니깐?"

"감기 기운에 열이 나서 약 달여먹였더니 일찌감치 제방으로 건너갔어요."

"지금 빨리 깨워서 다락방 뒤주 통 안에 숨기시오."

순간, 엄마의 숙모인 작은 외할머니도 무엇이 잘못되어 가고 있음을 느낄 수 있었다. 잠시 머뭇거리자, 작은 외할아버지가 다급하면서도 차분하게 말한다.

"옥이가 시집 안 간 것을 일본 놈 앞잡이 덕배놈이 눈치채고 일러바쳤소."

"예? 뭐라고요?"

작은 외할아버지는 분을 못 이겨 온몸을 파르르 떤다.

"덕배 이놈, 이놈을 당장에 쳐 죽여도 시원찮을 놈."

작은 외할머니는 재빨리 방문을 열고 나간다.

"얘, 옥아, 어디 있니?"

엄마의 형제들은 자신들의 친부모 즉 내 친 외할아버지 친 외할머니 얼굴도 잘 모르고 자랐다.

명문가이며 수원 백씨의 장손이었던 외할아버지는 넉넉한 인심으로 마을 사람들에게 많은 존경을 받았다. 그 후 일본에 의해 조선이 침탈당하자 논마지기를 팔아가면서까지 독립군들에게 군자금을 댔다. 그러다가 친일 앞잡이들에게 밀고 당하는 바람에 외할아버지와 외할머니는 긴 칼을 찬 순사들에 의해 어디론가 끌려간 후 영영 소식이 없다. 그것이 엄마 나이 다섯 살 때쯤 되었을 무렵이다. 그때부터 작은 외할아버지 집에서 자랐다. 손이 귀했던 집이라 친자식 이상으로 돌보며 키웠다. 외할아버지와 외할머니가 잡혀간 후 작은 외할아버지는 조카인 엄마, 이모, 외삼촌이 늘 걱정이다.

작은 외할아버지는 독립운동을 하다가 작은 외할아버지의 형인 외할아버지 즉, 엄마의 부모가 당하는 것을 본 후 어린 조카들마저 잘못될 것이 두려워 직접적인 독립운동보다는 군자금을 대기 시작했다. 엄마의 남동생인 외삼촌이 아홉 살 되던 해인 3년 전에 어느 집 데릴사위로 보냈다. 그 후 일 년이 지난 2년 전에는 엄마의 언니인 이모를 경주 최씨 집안으로 혼인을 시켰다. 당시는 정신대나 위안부에 끌려가지 않기 위해 일본인들의 눈을 피해 일찍 혼사를 치르는 집안이 많았다. 특히나 딸 가진 부모들은 후처 자리도 마다하지 않을 정도였다. 이모가 혼사를 치를 때쯤 작은 외할아버지와 작은 외할머니는 동네에 소문을 흘린다. 계옥이도 언니인 이모와 함께 한날한시에 먼 동네 아무개 총각과 혼사를 치른다고……. 그리고는 머슴을 신랑으로 둔갑시켜 위장 혼사를 치렀다. 물론 머슴에게는 논마지기나 주고 외할아버지 집과는 멀리 떨어진 곳으로 나가서 살게 했다. 철저히 비밀에 부친 탓에 동네 사람들도 그렇게 알았다. 엄마인 계옥이는 그 후 집 밖으로 거의 나가지 않았다.

"옥아! 항상 조심하거라. 밖에는 절대 나가지 말고. 일본 순사나 특히, 덕배놈에게 들키지 않도록 각별하게 신경 써야 한다."

"예! 작은아버지."

일본놈들에게 충성을 못 해 안달이 난 친일 앞잡이 중의 앞잡이인 덕배는 늘 작은 외할아버지 집을 어슬렁거렸다. 그러던 어느 날 집 안에 있던 엄마가 악랄한 덕배에게 기어코 들키고 만 것이다.

"작은엄마! 무슨 일 있어요?"

작은 외할머니의 다급히 부르는 소리에 엄마는 화들짝 놀라며 아픈 몸을 일으켜 세운다.

"옥아! 시간 없다. 얼른 나오거라."

"예, 작은엄마."

말을 마치기가 무섭게 작은 외할머니는 엄마를 낚아채듯 팔을 끌며 안방으로 데리고 들어간다.

"옥아! 빨리 다락으로 올라가거라."

"작은엄마! 무 무슨 일……."

말이 채 끝나기도 전에 다락으로 밀어 올리며 함께 따라올라 온다.

"옥아! 이 뒤주 안으로 들어가 꼼짝 말고 있거라."

"……"

엄마가 무슨 말을 하기도 전에 작은 외할머니는 엄마를 뒤주 통 안으로 밀어 넣는다. 그리고는 뒤주 통 위로 다 헤어진 이불이며 옷가지 등으로 이리저리 위장할 때였다. 갑자기 바깥이 소란스럽다.

"백 선생 있으므니까?"

방 한가운데 점잖게 앉아서 장죽을 물고 있던 작은 외할아버지가 방문을 열며 입을 연다.

"그, 누구요? 밖에 누가 왔소?"

"나요. 백 선생! 나 고등계 스즈끼 형사요."

"아이고, 스즈키 형사 나리께서 이곳엔 웬일로……."

"시치미 떼지 마시오. 다 알고 왔소."

"그게 무슨 말이요. 자, 자 무슨 일인지 모르지만 이리로 좀 올라오시지요."

스즈키 형사는 매의 눈보다 더 날카로운 눈으로 사방을 둘러본다. 꼭 암내 맡은 수캐 같다. 어느새 작은 외할머니도 작은 외할아버지 옆에 다소곳이 앉아있다.

"자, 자 그러지 말고……."

말이 채 끝나기도 전에 스즈끼 형사는 눈가에 음흉한 웃음을 띠며 입을 연다.

"백 선생! 다 알고 왔으니 계옥이란 년을 순순히 내놓으시오."
 작은 외할아버지는 순간 흠칫하며, '드디어 올 것이 왔구나' 하는 생각이 들었다. 덕배와 일본 형사가 주고받던 말을 엿들은 외할아버지의 친한 벗이 읍내에 나갔던 외할아버지께 전해 준 것이다. 외할아버지는 볼일도 보는 둥 마는 둥 하고 곧바로 집으로 달려온 것이다. 그러나 일본 순사들이 이렇게 빨리 들이닥칠 줄은 몰랐다. 그러나 내색은 전혀 하지 않았다.
 "그, 무슨 말이요. 스즈끼 형사 나리."
 "아니, 자꾸 시치밀 뗄 거요?"
 "아니, 스즈끼 형사 나리도 알다시피 옥이는 2년 전에 이미 혼사를 치르지 않았소."
 "그랬지요. 그런데 그게 백 선생한테 깜빡 속았다는 것을 이제야 알았소."
 "아니, 그때 스즈끼 형사 나리도 오시지 않았소?"
 "시끄럽소. 백 선생 그건 두고 보면 알 일이요."
 할 말이 없었다. 이미 모든 것을 다 알고 온 것이 분명하다. 이제는 모든 것을 하늘에 맡길 수밖에는 어쩔 도리가 없다.
 "백 선생! 왜, 아무 말이 없소? 물론 할 말이 없겠지. 지금까지는 잘도 피했지만, 오늘로써 백 선생 당신도 끝장이오. 끝장!"
 말을 끝낸 스즈끼 형사는 함께 온 순사들에게 턱으로 지시한다.
 "하이!"
 말을 마친 순사들은 우르르 흩어지며 이곳저곳을 마구 뒤지기 시작한다.
 "이 무슨 짓이오? 무슨 증거라도 있소?"
 스즈끼 형사는 입가에 야릇한 미소를 흘리며 고개를 끄덕인다.

"증거? 증거라 했소? 백 선생?"

그리고 날카롭게 뒤를 쏘아 본다.

"덕배, 이 덕배 놈이 증거 아니겠소?"

순간 작은 외할아버지의 두 눈이 이글이글 타오른다.

'이 찢어 죽일 놈.'

작은 외할아버지의 두 눈에서 뿜어져 나오는 분노에 찬 눈빛을 본 덕배는 순간적으로 흠칫하며 한걸음 물러서는가 싶더니 이내 스즈끼 형사의 날카로운 눈빛에 용기를 얻은 듯 다시 한 걸음 다가선다.

"어르신, 이미 다 알고 왔심더. 그만하고 계옥 아가씨를 내어 주이소."

"덕배, 네 이놈, 감히 네 놈이 이러고도 목숨을 부지할성싶더냐?"

덕배는 다시 한번 흠칫한다.

"덕배, 네 이놈. 조선의 은혜를 입고 살아온 네 놈 집안은 어찌 감히 대대로 친일 행적을 일삼느냐?"

순간, 스즈키 형사는 두 눈꼬리를 추켜올리며 옆구리에 찬 긴 일본도를 곧 뽑아 들 기세로 만지작거리며 뒤를 홱 돌아본다.

"빨리 샅샅이 뒤져라. 계옥이 년을 반드시 찾아서 끌어내."

"하이, 알겠스모니다. 스즈끼 형사님!"

말을 마친 서너 명의 순사들은 각자 흩어져 구석구석 뒤지기 시작했다. 그중 한 명이 작은 외할아버지가 앉아있는 안방으로 군화를 신은 채 들어온다. 작은 외할아버지의 서릿발 같은 음성으로 꾸짖는다.

"네 이놈들 이 무슨 무례한 짓이냐? 당장 그만두지 못할까?"

순사 한 명이 잠시 머뭇거리자 스즈끼 형사의 날카로운 쇳소리가 허공을 가른다..
"찾아서 빨리 끌어내지 않고 뭣들하고 있나?"
그리고는 덕배를 날카롭게 쏘아보며 아랫배를 걷어찬다.
퍽!
"으~윽, 조덕배 뭘 그리 꾸물거리나?"
덕배는 고통스러운 듯 아랫배를 움켜잡고 안방을 향해 뛰어들어간다.
"덕배, 네 이놈."
작은 외할아버지의 외침에도 불구하고 덕배는 조금 전 스즈끼 형사로부터 걷어차인 것이 분이 풀리지 않는 듯 안방을 지나 다락방으로 향하며 이를 바드득바드득 갈았다.
"내, 이년을 기필코 찾고야 말리라."
다급해진 작은 외할머니가 덕배의 바짓가랑이를 잡아당긴다.
"이보게 덕배, 우리 집하고 무슨 원수가 졌길래 이러는가? 대대로 우리 집 때문에 먹고 살지 않았는가?"
"저짝로 비켜 나시소. 그나마 그때를 생각해서 이 정도로 하는 겁니다."
말리는 외숙모의 옆구리를 세차게 밀치며 재빠르게 다락으로 올라간다.
"덕배, 네가…."
작은 외할머니가 다시 다락으로 따라 올라가려고 할 때 작은 외할아버지가 옷소매를 잡아끌며 말린다.
'임자, 그만하시지요.'
모든 것을 포기한 말투다. 상황으로 봐서 모든 것을 하늘에 맡길 수밖에 도리가 없다. 계속 말리다가는 오히려 더 큰 의심을 살 게 뻔한 일이다. 뒤주 통 안에 들어간 계옥이는 상황이 심각하게 돌아가는 것을 알았다. 온몸이 바들바들 떨렸다. 왜놈들의 만행은 철들기 전부터 수없이 들어왔던 터라 익히 알고 있다.

바로 옆집에 살던 친구인 미순이도 일 년 전에 끌려가서 지금껏 소식이 없다. 소문에 의하면 일본군 위안부로 끌려갔다는 것이다. 1923년에 일본 교토를 중심으로 관동지방에 대지진이 일어나 대화재로 이어지자 십만 명이 넘는 사람이 죽었다. 왜놈들은,

'조선인이 방화하였다. 우물에 조선인이 독을 넣었다'

는 괴소문을 퍼뜨렸고 이로 인해 조선인 수천 명이 억울한 죽임을 당한다. 그보다 더 추악하고 더럽고 나쁜 놈들은 왜놈에게 빌붙어 조선인을 팔아먹고 사는 기생충 같은 놈들이었다. 조선의 독립을 위해 자신의 목숨까지도 내놓고 밤낮없이 싸우는 조선의 독립군들을 밀고해서 팔아먹는 덕배 같은 친일 족속들이다. 이러한 온갖 만행을 익히 들어서 아는 터라 뒤주 통 안의 계옥은 등에서 솟아오르는 땀방울이 송충이처럼 스멀스멀 기어 내린다.

"스즈끼 형사님! 이곳에는 없스므니다."

"여기도 아니 있어 므니다."

뿔뿔이 이곳저곳을 뒤지던 순사들이 투덜거리며 스즈끼 형사 앞으로 모여들며 하는 말이다.

"샅샅이 뒤져 봤나?"

"옛!"

"이 병신같은 새끼들, 반드시 찾아야 한다. 알겠나? 이봐 이또 순사."

"하이."

순사들은 다시 우르르 몰려가 집안 곳곳을 뒤지기 시작한다. 이때 스즈끼 형사는 쥐꼬리 같은 눈썹을 치켜세우며 버럭 고함을 지른다.

"이봐, 조덕배. 그쪽은 어찌 됐나?"

잠시 후 덕배의 음성이 들려온다.

"스즈끼 형사님! 이곳에도 없는 것 같심더."

순간, 칼날보다 더 날카로운 스즈끼 형사의 음성이 덕배의 등줄기에 내리 꽂힌다.

"뭐라고? 네놈이 분명히 여기 있다고 하지 않았나? 반드시 찾아. 반드시……."

덕배는 다락방에 계옥이가 없음을 확인하고 내려가려다 말고 지옥 마왕 같은 스즈끼의 음성에 섬짓 놀라며 다시 다락방으로 기어올라간다. 옥이는 안도의 숨을 쉬려다 말고 부스럭거리며 덕배가 다시 올라오는 인기척에 놀라 금방이라도 심장이 멎는 듯했다.

"내 계옥이 이년을 반드시 찾아낼 끼다."

그러잖아도 분통같이 좁은 공간에서 숨이 막힐 지경인데 독기서린 덕배의 음성이 들릴 때마다 한여름 뙤약볕 신작로에 축 늘어진 지렁이같이 숨통이 조여 오는 것 같았다.

'한데, 도대체 이년이 어디 있노.'

혼자 중얼거리다 말고 두 눈이 반짝 빛나는 싶더니 한곳에 집중되었다.

'오라 이곳을 미처 못 봤군.'

천정이 낮은 탓에 허리를 구부정하게 숙여서 뒤주 통 쪽으로 기다시피 하며 다가온다. 외할머니가 옥이를 뒤주 통으로 급히 숨긴 뒤 이불을 올려놓은 후 옷가지로 앞을 가렸기 때문에 조금 전에는 덕배가 미처 발견하지 못했다. 그러나 조금 전과는 달리 컴컴한 어둠에 약간 익숙해지자 다락방의 사물이 더 잘 분간할 수 있었다.

"흐! 흐! 흐!"

덕배는 야릇하고도 음흉한 미소를 입가에 흘린다. 덕배의 음흉한 웃음소리를 들은 어린 계옥은 모든 것이 끝났음을 직감한다.

'네년이 아무리 숨어도 내 손에서 벗어날 수는 없지.'

덕배는 옷가지를 치우고 뒤주 통을 발로 툭툭 차며 득의양양해 한다. 그리고는 뒤주 통 위의 이불을 뒤쪽으로 아무렇게나 밀쳐낸다.

"후! 후! 후!"

덕배가 뒤주 통 뚜껑을 막 열려는 찰라. 밖에서 덜커덩 텅텅 부르릉~ 부릉~ 부르르~ 하는 오토바이 소리가 요란한 굉음을 내며 급히 다가와 멈추는가 싶더니 동시에 스즈끼 형사의 다급한 쇳소리가 들린다.

"급한 전갈이 왔다. 모두 5초 내로 집합한다, 특히 덕배는 빨리 내려오라."

순간, 덕배는 하던 행동을 멈출 수밖에 없었다. 누구보다도 스즈끼 형사의 더러운 성질을 잘 알고 있기 때문이다. 스즈끼가 5초 내로 모이라고 하면 모여야 한다. 절대 빈말이 아니다. 얼마 전에도 1초 정도 늦었다가 숨을 쉴 수 없을 정도로 죽지 않을 만큼 두들겨 맞았다. 하마터면 일본도에 목이 날아갈 뻔했다. 하물며 만에 하나 뒤주 안에 계옥이가 없다면 생각만 해도 아찔했다.

당시에도 이또 순사가 말리는 바람에 간신히 목숨은 부지했지만 대신 이또 순사가 죽도록 맞았다. 참으로 더러운 성격의 소유자다.

하는 수 없이 투덜거리며 다락방을 내려올 수밖에 없었다.

"제기랄! 네년 운 좋은 줄 알거래이. 하지만 곧 잡으로 다시올 테니 몸 간수 잘하고 있거래이."

말투로 보아 뒤주 통 안에 계옥이가 숨어 있다고 확신하는 것 같았다. 작은 외할아버지와 작은 외할머니는 내색은 하지 않아도 안도의 긴 한숨을 내쉬는 것 같았다. 작은 외할아버지는 긴 담배 장죽을 문지방에 툭, 툭, 털며 험! 험! 하며 헛기침을 두어 번 한다. 덕배는 안방을 나오면서 작은 외할아버지와 작은 외할머니를 향해 눈꼬리를 치켜세우며 위아래를 훑어본다.

"어르신, 오늘은 그냥 가겠심더."

계옥이 즉 엄마는 사흘 후 오 십여 리 떨어진 배미기 강촌 마을로 시집을 온다. 아니 시집은 온다기보다는 스즈끼 형사의 눈을 피해 급하게 혼사를 치른 것이다. 그나마 위안이 되는 것은 비록 가난하지만, 명문가인 안 씨 집안으로 혼사를 시킨 일이다. 그러나 작은 외할아버지는 달랑 사진 한 장 보고 혼인을 시킨 것이 마음에 걸렸다. 하지만 이미 이년 전에 혼인한 것으로 알려진 터라 따로 혼인 잔치는 물론 동네 사람들에게도 내색조차 하지 않았다. 아니 하고 싶어도 할 수가 없었다. 왜놈들의 눈을 피한 혼인이라, 아무도 모르게 안 씨 집안으로 온 것이다. 찢어지게 가난했던 신랑인 아버지 집안에서도 냉수 한 그릇으로 혼사로 대신했다. 가난해도 가난해도 이토록 찢어지게 가난한 집안일 줄은 몰랐다. 이때부터 지긋지긋한 고생길로 들어섰다. 곱고 착하게 자란 엄마는 엄마의 시어머니인 즉, 할머니의 시집살이보다도, 손윗동서인 큰엄마의 서릿발 같은 시집살이가 시작된 것이다. 안 씨 집안으로 시집을 와서 보니 먹을 거라고는 보리쌀은커녕 밀알 한 톨도 없다.
　이때, 엄마 나이 열여섯이었고 아버지는 세 살 많은 열아홉이었다. 대부분의 동네 청년들이 강제로 징용에 끌려갔음에도 아버지는 용케도 왜놈들의 눈에 띄지 않았다. 시아버지는 일본 순사에게 대들었다가 쥐도 새도 모르게 끌려간 후 아무런 소식이 없다. 홀 시어머니에 시숙과 손윗동서, 두 명의 시동생, 위로 시누이 두 명이 있고 손윗동서에 딸린 여섯 살, 네 살, 두 살 그리고 채 돌도 안된 자식들이 줄줄이 있었다. 엄마에게는 모두가 어린 조카들이다. 젖먹이 갓난 애기에게는 묽은 풀죽을 끓여 먹였다. 엄마까지 모두 열두 명이었지만 시누이 두 명은 엄마가 시집오기 전에 이미 시집을 간 후였다. 열 명이나 되는 대식구가 성냥갑보다 더 좁은 집에 옹기종기 모여 살고 있었다. 먹을 거라곤 찾을래야 찾아 수가 없다. 엄마의 집안이 기울기는 했지만 시집오기 전에는 머슴들까지 거느렸던 집안이라 밥상에 쌀밥과 고기반찬이 떨어지질 않았다. 그렇게 자랐던 엄마이기에 엄마로서는 기가 찰 노릇이었다. 앞으로 살아갈 현실이 암담했다.
　"서방님! 내일 아침 땟거리가 없으니 우얍니꺼?"
　"형수께서 무슨 말 없었심니꺼?"
　혼인한 지 사흘이 지나자 어색하던 것도 조금 누그러워 졌다. 방안을 희미하게 밝히는 호롱불은 마주 앉은 신랑 신부의 두 볼을 더 붉게 한다. 그러나 자세히 들여다보면 엄마의 곱던 얼굴이 혼인한 지 겨우 사흘 만에 무척이나 거칠어진 것을 알 수 있다. 지난 사흘간은 갓 시집온 새댁이라 아침저녁으로 시어머니에게 인사드리는 것 외에는 아무것도 시키지 않았지만, 물에 말은 미끄덩한 밀밥 한 두 숟가락으로 허기진 배를 채우다 보니 늘 배가 고팠다.

그러다 보니 당연히 핼쑥해질 수밖에 없었다. 손윗동서인 큰엄마는 사흘간 아무것도 하지 않고 지냈던 그것이 불만인 듯 까칠까칠한 보리껍질 뒤집어쓴 듯한 인상을 하고 있다. 일은 하지 않았지만, 배가 고파 하늘이 노랗게 보일 지경이다. 아직까지 밥이라고는 구경도 못 했다. 아침은 미끄덩한 말밥으로 때우고, 점심은 건너뛰고. 저녁은 밀 껍질로 만든 국수를 먹었다. 처음에는 전혀 입도 댈 수 없었지만 배고픔이 더해지자 그마저도 배불리 먹기를 바랐다. 꼬르륵거리는 배를 쓰다듬으며 엄마는 고개를 절레절레 흔든다.

"아무 말씀 없었습니다. 다만 내일 아침부터는 밥하고 빨래하고 집안일은 물론이고 들일까지 하랍니다."

아버지는 엄마의 두 손을 살그머니 잡는다. 사실, 아버지는 엄마와 혼인 맺기가 싫었다. 아니 싫었다기보다는 그토록 부유한 집안의 규수를 데려와 고생시킬 것을 생각하니 마음이 썩 내키지 않았다. 그러나 왜놈들이 어린 소녀들마저 끌고 가는 바람에 마을에 처녀들은 씨가 마를 지경이다. 물론 젊은 청년들도 대부분 징용으로 끌려가는 터라 다급해진 아버지와 엄마였다. 그때 우연히 알게 된 중매쟁이에 의해 겨우 사진 한 장 주고받고는 바로 혼인을 맺게 된 것이다.

"당신께 참말로 미안합니다. 이런 집으로 시집오게 해서."

"아, 아닙니더. 서방님."

아버지는 농사일로 거칠어진 두 손으로 엄마의 작고 고운 두 손을 꼭 잡으며 끌어당긴다.

"내 기필코 돈 마이 벌어서 고상 안 시킬 겁니더. 그러니 그때까지 쪼매만 참고 기다려 주이소."

"……"

엄마는 무척이나 수줍어 아버지의 얼굴조차 쳐다볼 수가 없다. 급히 두 손을 빼려고 하자, 아버지는 더욱 세게 잡아당긴다.

"참말입니더. 믿어 주이소."

"믿고 말고예. 서방님을 안 믿으며 누굴 믿겠심니꺼?"

"고맙심더."

아버지는 엄마를 와락 끌어안는다. 격렬하게 타들어 가던 호롱불은 수명을 다했는지 잠시 후 방안이 암흑으로 변했다.

2

다음날 새벽,

아니 새벽이라기보다는 한밤중이라는 말이 옳을 듯하다. 한 치 앞도 볼 수 없을 정도로 캄캄하다. 갑자기 안방에서 할머니의 인자한 음성이 새벽 공기를 타고 들려온다.

"애미, 일어났노?"

안방에서 조금 떨어진 건너방에서 부스럭거리는 소리와 함께 큰엄마의 퉁명스러운 목소리가 들린다.

"예, 어무님."

"오늘부턴 새아가와 같이 아침 준비하도록 하거래이."

"예, 알았심더."

밤새 뜬눈으로 지새운 엄마도 이미 일어나 조용히 방문을 열고 나온다. 큰 엄마는 매서운 매 꼬리 눈을 치켜세우며 신경질적인

말투를 내뱉으려다 말고 금방 상냥한 말소리로 변한다. 방안에서 아버지의 기침 소리가 들렸기 때문이다

"동서! 하매 일어났는가?"

"예. 형님! 지가 쪼매 늦었습니더. 죄송함니더. 내일부터는 더 일찍 일어나겠심니더."

"아. 아닐세 동서."

그러면서 턱으로 따라오라는 시늉을 한다.

삐이-걱

큰엄마는 엄마를 데리고 부엌으로 들어간다. 순간 뒤따라 들어오는 엄마를 획 돌아보며 표독한 표정으로 노려본다. 아까와는 전혀 다른 표정이다. 순간적으로 엄마는 섬뜩함을 느끼며 등에서는 식은땀이 주르르 흘러 내린다.

"니, 퍼뜩 쇠죽 앉히고 아침밥 준비 안하고 뭐하고 있노?"

엄마는 할 말을 잃었다. 친정에서는 단 한 번도 들어보지 못한 격한 말인데다 표독스런 표정과 욕설이 가득한 말투도 물론이거니와 매일같이 이 많은 일을 해야 한다는 것이 도저히 엄두가 나질 않는다.

"……"

"그라고 아침밥 할 밀은 미리 저녁에 내어놓을 테니 내일부터는 깨우지 말거래이."

"……"

역시 아무 말이 없자 또다시 냅다 욕설을 퍼붓는다. 엄마는 무엇을 어찌할지 몰라 손발만 사시나무 떨듯 떨고 있다.

"니, 와? 대답이 없노?"

그제야 짐짓 정신을 가다듬는 엄마다,

"예, 형님! 알겠십니더."

엄마가 무슨 말을 하기도 전에 큰엄마는 쌀 뒤주 통을 연다. 쌀 뒤주라고는 하지만 쌀이 담겨 있을 턱이 없다. 그나마 청년이었던 아버지와 큰아버지가 남의 집 머슴으로 가서 받아오는 새경을 밀로 바꾸어서 근근이 보릿고개를 넘기곤 했다. 그렇지 않았다면 열 식구가 넘는 대식구가 굶어 죽어도 벌써 몇 번은 굶어 죽었을 것이다. 큰엄마는 그리 크지 않은 박 바가지로 밀 두 바가지를 퍼낸다.

"이걸로 아침밥 준비하고, 끓는 동안에 쇠죽 끓여서 퍼다 주거래이."

엄마는 큰엄마의 말을 듣는 것만으로도 현기증이 날 지경이다.

"예, 형님."

"그라모, 그리 알고, 내는 들어간데이……."

"예, 형님! 들어가시소."

큰엄마는 두어 걸음 가다 말고 다시 한마디 내뱉는다.

"저 송아지는 우리께 아니데이. 그러니 잘 건사해야 된데이."

큰엄마는 할머니에게 들키지 않기 위해 조용히 방문을 열고 들어가 버린다. 캄캄한 새벽에 그것도 어두운 부엌에 혼자 서있는 엄마의 가슴에 서러움이 한없이 밀려온다. 그러나 어쩔 수 없다.

'옥아! 어른들 잘 공경하고, 그리고 무슨 일이 있어도 그 집안 귀신이 되어야 한다.'

시집오기 전 숙모인 작은 외할머니의 말이 생각나자 두 눈에 눈물이 주르르 흐른다. 비록 사흘 전에만 해도 자신의 처지기 이렇게 처참하게 바뀔 줄은 꿈에도 몰랐다.

엄마는 시커먼 가마솥에다 밀을 앉히고 불을 지핀다. 그리고는 그 옆 가마솥에는 지난가을에 남의 논에서 갖다가 말린 짚을 썰어 놓은 여물을 앉히고 역시 불을 지핀다. 쇠죽을 어떻게 끓이는지, 말밥은 또 어떻게 하는지 한 번도 해 보지 않았기에 알 수가 없다. 단지 시집오기 전 일꾼들이 하던 것을 어렴풋이 떠올리며 쇠죽을 끓였다. 엄마는 번갈아 가며 양쪽 아궁이에 불을 피우면서 어깨를 들썩인다. 목 놓아 울 수도 없는 자신의 신세가 처량하기 그지없다.

"흑! 흑! 흑!"

이때 가늘게 떨며 울고 있는 엄마의 어깨를 누군가가 가만히 감싸 안는다. 아버지다.

엄마는 아버지를 보자 서러움이 더욱 복받쳐 오른다. 그래도 마음 놓고 울 수도 없다 엄마는 아버지 품으로 와락 파고들며 더욱 숨죽여 흐느낀다.

"으! 흐! 흐! 흑! 서, 서, 방님! 흑! 흑! 흑."

"……"

아버지는 아무 말이 없다. 아니 더 이상 무슨 할 말이 있겠는가? 아버지의 마음도 찢어질 듯 아팠다. 꺼져가는 아궁이에 불을 지피며 길게 한숨을 내뱉는다.

"당신, 쪼매만 참아 주이소. 내 우예든동, 고생은 안 시키겠심더."

엄마는 무슨 생각이 났는지 고개를 들었다. 얼굴은 온통 눈물과 날아드는 불티로 인해 시커멓다.

"서, 서방님! 근데 조금 전 형님 말씀이 무슨 말입니꺼?"

"형수님이 무슨 말 했심니꺼?"

"송아지가 우리꺼 아니란 말이 뭔니꺼?"

아버지는 고개를 푹 숙인다, 그리고는 힘없이 대답한다.

"형수님 말이 맞심더. 우리 송아지 아닙니더."

"그게 무슨 말이냐 이 말입니더."

"남의 집 송아지를 키워서 새끼를 낳으모, 그때 송아지가 우리 소가 됩니더."

엄마는 기가 차서 할 말을 잃었다.

"이 동네는 많이 그리 합니더."

그럭저럭 아침밥이 되었다. 아니 미끄덩한 밀밥이다. 아버지는 그 틈을 타서 엄마가 끓여 놓은 쇠죽을 송아지에게 퍼다 주었다. 말밥을 이리저리 퍼고 나니 엄마 몫은 없다. 사흘 전까지는 새색시 대접받느라 허기는 면할 정도로 먹었지만, 지금은 아니다. 그나마 부엌 한구석에 쪼그리고 앉아서 두어 숟가락 물 말아서 후루룩 마시는 것이 전부다. 친정에 있을 때는 상상조차 할 수 없었던 모습이다. 앞으로 살아갈 생각을 하니 또다시 눈물이 주르르 흐른다. 이때 아버지가 험! 험! 헛기침을 하며 누런 놋그릇을 들고 부엌문을 열고 들어온다. 엄마는 얼른 눈물을 훔치며 일어난다.

"서방님."

아버지는 들고 들어온 놋그릇을 엄마에게 내민다. 먹다 남은 밀밥이다.

"퍼뜩, 드시소."

엄마는 가슴이 찡해오며 다시 한번 눈시울이 뜨거워진다.

"밭 품팔러 갈라카모 배 많이 고플 낀데, 서방님이나 드시소."

"내는 괜찮심더."

엄마는 그윽한 눈으로 아버지를 올려다본다. 혼인한 지 나흘째 되지만 이렇게 아버지가 믿음직해 보일 수가 없었다. 그날 이후로 엄마는 새벽같이 일어나 아침밥을 하고 남의 집 농사일로 품을 팔았다. 아무리 갓 시집온 새색시지만 남의 집 품 일을 하지 않을 수 없는 처참한 처지였다.

저녁에는 집안 대식구들의 모든 빨래를 마을 앞 냇가로 가서 빨았다. 그러고도 틈이 나면 어린 조카들까지도 건사 해야했다. 무엇보다 힘든 것은 시어머니의 눈을 피해 나날이 심해지는 손윗동서의 심한 시집살이다.

"쯧! 쯧! 종을 들인 것이지, 저게 우예 메누리를 맞이한 거가?"

동네 사람들이 한마디씩 수군거리지만 큰엄마는 아랑곳하지 않는다.

"와? 또, 자네들 내 흉보는가?"

어디선가 큰엄마의 음성이 들리면 마을 사람들은 저마다 등을 돌리며 혀를 찬다.

"저리 저 못된 동서 밑에서 어린것이 우예 버텨 내겠노?"

혼인한 지 달포가 조금 넘었다. 큰 엄마로부터 받는 엄마의 고통은 점점 더 심해졌다. 심지어 시집올 때 가져온 고운 분(粉) 두 통도 통째로 빼앗아갔으며 은가락지도 보관한다는 명분으로 빼앗아갔다. 엄마는 밤마다 눈물을 흘렸고 아버지는 그때마다 어깨를 토닥거리며 달랜다. 이때쯤 왜놈들의 만행이 극을 향해 치닫고 있었다. 이날도 한나절 들일을 마치고 불뚝 국수 몇 가락으로 막 점심을 끝내고 마루 끝에 걸터앉아 있을 때 일본 고등계 형사 한 명과 순사 두 명이 들이닥친다.

"안 상 있으모니까?"

할머니가 고개를 조아리며 급히 마당으로 내려선다.

"형사 나으리. 무, 무슨 일 입니꺼?"

"대 일본제국을 위해 구국의 전선으로 가야겠소."

순간, 가슴이 철렁 내려앉으며 하늘이 샛노랗게 변해간다. 설마 설마했는데 기어이 올 것이 온 것이다. 일본은 전쟁이 불리해지자 1938년 국가총동원법이라는 것을 만들어 총동원연맹이라는 것을 두고 조선인들을 강제로 끌고 갔다. 그뿐만 아니라, 학생들까지도 학도병이라는 명목으로 강제로 징집해갔다. 두식이 아버지도 끌려갔다. 이제 겨우 두 돌 지난 두식이를 놔두고…….

"여기는 갈 사람이 아무도 없심더."

왜놈 형사는 두 눈을 치켜세우며 빈정거리듯 말을 한다.

"무슨 말을 그리하오. 여기 두 사람이나 있지 않소?"

할머니가 한 발 더 나아오며 떨리는 소리로 입을 연다.

"야들은 모두 장개 다 갔심더."

왜놈 형사는 지휘봉 같은 긴 막대로 자신의 손바닥을 툭툭 치며 천천히 마당을 돌면서 고개를 끄덕인다.

"음, 알고 있소. 그러나 지금은 그런 것을 따질 때가 아니오. 너, 나 할 것 없이 대일본 제국을 위해 앞다투어 지원하고 있소. 대일본 제국을 위해 충성할 기회를 주겠소. 어찌하겠소? 내 특별히 기회를 주겠소. 그러니 둘 다 영광을 받겠소? 아니면 한 명만 받겠소?"

이제는 선택의 여지가 없다. 망설이고 있으면 아버지와 큰아버지 두 명 다 끌려갈 판이다. 할머니는 체념한 듯 가만히 눈을 감는다.

"왜 말이 없소?"

그리고는 옆에 나란히 서 있는 아버지와 큰아버지에게 고개를 홱 돌린다. 아버지와 큰아버지는 사태의 심각성을 깨달았다. 같은 말이 동시에 튀어나왔다.

"지가 가겠심더."

왜놈 형사는 찢어진 메기 아가미처럼 흡족한 표정을 짓는다.

"그래? 암 그래야지. 잘 생각했소. 대일본 제국을 위해 충성할 수 있는 영광을 두 사람 모두에게 주겠소."

순간, 모두가 새파랗게 질린 얼굴로 변했다. 특히나 할머니의 표정은 일그러질 대로 일그러진다.

"그건 안됩니다. 큰 애비는 지난 가을에 허리를 다쳐서 반 빙신입니더."

할머니의 말에 큰엄마도 한마디 거든다,

"맞심니더. 석호 애비는 반 빙신임니더."

"정말이오?"

일본 형사의 말에 큰엄마는 조금 안도를 느끼며 시어머니인 할머니를 힐끗 쳐다본다,

"형사 나으리, 참말입니더."

옆에서 듣고 있는 엄마는 억장이 무너지는 것 같았다. 그런데 그 마음에 불을 붙이는 말이 들린다. 아버지다.

"맞심더. 형사 나리, 지 형님은 지금 많이 아픔니더."

"그래? 그렇다면 당신이 그 영광을 받으시오."

그날로 바로 아버지는 사랑하는 가족들과 이별을 고한다.

"아이고, 애비야! 니 거기 가서 우예 견디겠노?"

"아부지, 어무이요. 지 건강히 댕겨 올낍니더. 아무 걱정 마시소. 그때까지 몸 건강히 계시소."

"엉! 엉! 엉! 애, 애에 비야. 이눔아! 우야노?"

아버지는 옆에서 말없이 울고 있는 엄마에게로 다가온다. 엄마는 순간, 울음을 터뜨린다.

"흐! 흑! 서방님 왜 하필 서방님 입니꺼? 으! 흑! 흑!"

"당신한테 참말로 미안 합니더. 내 절대로 고생 안 시킬라 했는데……."

아버지도 쓰~윽 눈물을 훔친다.

"으! 흐! 흑! 서, 서방님 안 안 됩니더. 지만 두고 가면 우얍니꺼? 쪼매만 참으라고 한 말 지켜야 안됩니꺼?"

"지송합니더. 흑! 흑! 꼭 살아 돌아와서 약속 꼬옥 지키겠심더."

"으! 으! 윽! 흑!"

일본 형사는 옆에 있는 순사에게 눈짓한다. 그러자 두 명의 순사가 아버지의 양어깨를 툭툭 친다. 당장 준비하고 나오라는 신호다. 아버지는 그 자리에서 할머니에게 큰절을 올린다.

"어무이, 건강 하이소. 지는 꼭 살아 돌아 올낍니더."

"으! 으! 어! 엉! 엉! 애비야, 꼭 살아 돌아와야 된데이. 어엉엉 힘들 때는 니 각시를 생각 하거래이."

"어! 어! 으! 으! 으! 웅! 흐! 흑! 서, 서방님 지는 이제 우얍니꺼? 꼭 살아와야 됩니데이. 흑! 흐! 흑."

"아니? 어디 죽으러 가오. 빨리 준비나 하시오."

아버지는 그렇게 강제로 징용을 갔다. 사랑하는 할머니와 특히나 갓 시집온 엄마를 홀로 남겨두고…….

얇게나마 방패막이였던 아버지가 징용으로 끌려가자, 동서인 큰엄마로부터 당하는 시집살이는 그야말로 말이 아니었다.

3

　엄마의 시집은 열 식구나 되는 대가족임에도 불구하고 산자락에 있는 자갈밭 두 마지기에 그보다 산 고개 두 개를 더 너머에 천수답 논 서너 뙈기가 전부다.
　엄마는 새벽같이 일어나 아침밥을 지으면서 쇠죽을 끓여주고 아침은 부엌 한쪽 구석에 쪼그리고 앉아서 물로 배를 채우는 둥 마는 둥 하기를 반복했다. 어쩌다 할머니가 방으로 들어오라고 하면,
　"안됩니더. 어무님, 버릇 나빠집니더."
　억세고 억센 큰엄마의 큰소리에 할머니도 꼼짝을 못 한다. 어쩌다가 큰엄마가 없는 틈을 타서 할머니가 먹을 것이라도 챙겨주다가 들키는 날에는 여지없이 부엌으로 불려간다.
　"니, 이느무 가시나, 어디서 배운 행동이고……."
　그때마다 엄마는 새파랗게 질리며 온몸은 사시나무 떨듯 한다.
　"혀, 형님 그게 아닙니더. 어머님께서……."
　말을 채 끝맺기도 전에 손이 엄마의 머리 위로 올라간다. 금방이라도 내려칠 기세다.
　"시끄럽다. 고마. 니, 어디서 발악발악 대드노?"
　큰엄마는 엄마를 종부리이듯 듯했으며 쥐잡듯했다. 엄마는 밤에는 눈물로, 낮에는 들일에 혹은 남의 집 품팔이로 온종일 갖은 집안일에 눈코조차 뜰 새가 없다. 큰엄마도 남의 집 품팔이하러 가

곤 하지만 삯이 적더라도 쉬운 일만 찾아서 간다. 그것도 매일 가는 것이 아니다.

  오늘도 엄마와 큰아버지가 괭이로 자갈밭을 열심히 파서 돌과 잡풀을 골라낸다. 감자를 심기 위해서다. 큰아버지는 아침 일찍 먼저 와서 밭을 고르고 있었고, 엄마는 아침 설거지를 끝낸 후 멀건 불뚝 국수를 점심으로 준비해와야 했기에 조금 늦게 도착했다. 도착하자마자, 엄마는 큰아버지와 저만치 떨어져서 괭이질을 시작한다. 시숙이라 무척 어려웠던 모양이다. 두 사람은 아무 말도 없이 열심히 밭이랑을 만든다. 파고 또 파고 고르고 또 골라도 한없이 나오는 자갈들…….

  봄이라고는 하지만 내리쬐는 햇볕이 따갑기 그지없다. 어느새 엄마의 이마에는 땀방울이 비 오듯 쏟아진다. 엄마가 적삼 소매 끝으로 이마에 흐르는 땀방울을 쓰-윽 닦아 내리려고 할 때 큰아버지가 소리 없이 다가와 수건을 건네준다. 엄마는 깜짝 놀란다.

  "아, 아주버니. 괜찮습니다."

  "미안합니더. 제수씨."

  "그, 그게 무슨 말씀입니꺼?"

  "동상이 지 대신 징용 간 거 아닙니꺼? 형인 지가 갔어야 되는데…….''

  순간, 엄마의 두 눈에 원망의 빛이 지나갔다. 그렇다고 대놓고 원망할 수도 없다.

  "……."

  "지수씨 참말로 미안 합니데이. 지가 죽을죄를 졌습니더. 용서해 주이소."

  그제야 엄마는 손사래를 친다.

"아닙니더. 아주버니 용서라니요. 당연히 동생이 가야 안합니꺼?"

"이 모두가 나라 뺏긴 설움이니, 어찌하겠습니꺼? 동상은 반드시 돌아올 겁니더. 아무튼, 지수씨 볼 낯이 없심더."

엄마는 길게 한숨만 내 쉴 뿐 아무 말이 없다.

"……"

그때 다시 조심스럽게 큰아버지가 입을 연다.

"그나저나 석호 에미 때문에 지수씨가 더 고생이 많다는 것을 잘 압니더."

"아닙니더. 아주버니. 형님 지를 많이 챙겨줍니더."

"지수씨! 석호 에미 못된 성질 지가 누구보다도 더 잘 압니더."

큰아버지의 한마디 한마디에 엄마는 또다시 설움이 복받쳐 온다. 그러나 내색할 수는 없다.

"쪼매만 참아보시소. 어떻게 말씀드려서 우예든동 새살림 나게 해 보겠심더."

엄마는 고개를 흔들었지만 속으로는 큰엄마와 큰아버지의 마음이 달라도 저렇게 다른 것에 혀를 내둘렀다.

엄마와 큰아버지는 사흘에 걸쳐 자갈밭 두 마지기를 다 일구었다. 이제 비만 오면 씨감자를 심을 수 있다.

다행히 그다음 날 비가 왔다. 이날은 큰아버지와 엄마는 물론 할머니까지 나와서 감자를 심었다.

"이이고 새 아가가 복댕이 인 것 갑다. 고랑을 다 맹글자 마자 때맞춰 비도 이리 내라주고."

큰아버지가 한마디 거든다.

"어무이 말씀이 맞는 것 같심더. 착한 지수씨가 들어와서 일이 술술 잘 풀릴겁니더. 곧 부자도 될 것 같고."

"그라모 얼마나 좋겠노?"

시어머니인 할머니의 그 말에 엄마의 가슴이 찡해오며 눈시울이 촉촉 해진다. 동서인 큰엄마한테서 늘 구박과 욕설만 들어오다가 처음으로 따뜻한 말을 들으니 어느새 피곤함도 사라지고 가슴이 울컥했던 것이다. 할머니는 이미 알고 있다는 듯 엄마의 등을 토닥거린다. 기어이 엄마는 어깨를 들썩이고 만다.

"그래 이 시에미가 죄가 많아가 아들 징용 보내고 동서 시집살이까정 시키는구마. 내 미안타."

엄마는 할머니 어깨에 기대며 가늘게 울음을 터뜨린다.

"으! 흐! 흑! 어무님! 지송합니다."

"아이다 실컷 마음껏 울거래이. 내가 마이 미안테이."

멀리서 지켜보던 큰아버지도 연신 눈물을 훔친다.

"니, 아직 뒤비 자노?"

금방이라도 잡아먹을 듯한 큰 엄마의 벼락 치는 듯한 고함소리가 창호지 문살을 뚫고 엄마의 고막을 후벼판다. 엄마의 표정은 한여름 가냘픈 버드나무 가지에서 울던 매미가 쇠꼬리 채에 낚아채인 것처럼 온몸을 파르르 떤다.

몇 날 며칠을 쉬지 않고 밭일과 집안일은 물론 남의 집 품팔이까지 더해 잠이 부족함은 물론 피곤함이 쌓일 대로 쌓인 터라 조금 늦잠을 잔 것이다. 늦잠이라 해봐야 단지 몇십 분에 지나지 않는다. 엄마는 머리가 멍해짐을 느끼며 가까스로 떨리는 목소리로 입을 연다

"예, 에. 혀, 형님! 일어났심더."

"일어났으모 와 재발리 안기어 나오노?"

"지, 지금 나갑니더."

엄마는 옷매무새를 모으며 방문을 열고 휘청거리는 몸을 가까스로 가누며 나온다.

"혀, 형님! 지송합니더. 지가 너무 힘들어서 쪼매 늦잠을…….."

엄마의 말이 끝나기도 전에 큰엄마의 사팔뜨기 눈으로 독사처럼 쏘아본다.

"니, 뭐 했다고 힘들다카노?"

순간 엄마의 가슴 한구석에서는 분노와 서글픔이 한꺼번에 끓어올랐다. 그러나 서슬이 시퍼런 큰엄마에게 내색할 수 없어 속으로 삭일 수밖에 없었다. 이때, 다시 들려오는 험악한 음성.

"니, 이누무 가시나 오늘 고춧모 심는 날인 것 아나 모르노?"

"아, 알고 있심더."

"알고 있는 년이 늦잠을 자? 늦잠을…….."

"……"

"퍼뜩 소죽 끓이고 아침밥 안 하고 뭐하노?"

"예! 형님."

엄마는 밀을 씻기 위해 물두멍으로 갔다.

아뿔싸! 어제 재식이 아제네 고춧모 내는데 품팔이 갔다가 너무 늦게 끝나서 오는 바람에 저녁도 먹는 둥 마는 둥 하고 방문을 열자마자 그대로 쓰러졌다. 그 바람에 집에서 한참 떨어진 마을 앞 우물가에서 매일 저녁 3개의 물두멍에다 가득 채워 놔야 했던 물을 어제는 길어다 놓지 못했다. 눈치가 여우같이 빠른 큰엄마가 그냥 지나칠 리가 만무다.

엄마의 아리랑

"와? 니, 어제 물 안 채워 놨더노?"

엄마는 거의 울상이 된다.

"혀 형님! 참말로 지송합니다. 지가 퍼뜩 길어 오겠심니더."

큰엄마는 화를 못 참겠는지 씩씩거리며 마침내 오른손으로 엄마의 머리를 두어 차례 힘껏 쥐어박는다.

"이 가시나. 니를 도대체 어따 써먹을라꼬 데리고 왔는지 모르겠데이."

엄마의 눈에서 설움의 눈물이 말없이 주르르 흐른다.

"니, 뭘 잘했다고 울고 자빠졌노? 재빨리 물 안 길어 오고 뭐 하노?"

"예! 에. 알겠심더."

마음 놓고 울 수도 없는 엄마다. 엄마와 큰아버지 그리고 할머니는 고추, 가지, 호박, 상추 등을 골고루 심었다. 그리고 대략 보름 후 고구마도 심었다. 위 시누이 둘은 엄마가 시집오기 전에 이미 시집을 갔고 시동생 둘은 어린 탓에 농사일에는 전혀 도움이 안 되었다. 소꼴이나 땔감 정도 해오는 정도다. 사실, 따지자면 이제 겨우 열여섯 살 된 엄마도 시동생들보다 서너 살 많은 것뿐이다. 일에 지친 엄마의 몰골은 말이 아니다. 곱디고운 얼굴은 시커멓게 변했고 눈은 옴폭 들어갔으며 광대뼈는 산처럼 튀어나왔다. 손마디 마디는 장작개비처럼 뻣뻣하게 변해갔다.

그럭저럭 바쁜 일이 끝나자 엄마는 '이제 겨우 한시름 놓겠구나' 싶었다.

그러나 찢어지게 가난한 집에서 그냥 쉬게 놔 둘리 없다, 특히나 사팔뜨기인 큰엄마가 있는 한, 말할 나위는 더더욱 없다.

오늘도 고구마를 심고 늦도록 집안일을 끝내고 두 평도 채 안 되는 방안으로 들어왔다. 점심때부터 내리던 비를 맞으며 일한 탓에 으슬으슬 추울 뿐만 아니라 지칠 대로 지쳐 초주검이 된 상태다. 방 한쪽 구석에 가지런히 포개어 있는 누런 홑껍데기 광목 이불을 펴려고 하는 순간, 엄마의 가슴 깊은 곳에서 서러움이 솟아오르며 왈칵 눈물이 흐른다. 엄마가 시집올 때 혼수로 가지고 온 비단 이불은 아버지가 징용으로 끌려가자마자 큰엄마가 강제로 빼앗아갔다.

"으! 흑! 어머니, 아버지. 도대체 어디 계시는지요? 정말 너무 힘들어요. 흑! 흑! 저에게 힘을 주세요. 어머니, 아버지. 흑! 흑."

큰엄마의 서릿발 같은 무서움 때문에 목놓아 울 수도 없다. 한참을 울다 보니 아버지까지 원망스럽다.

"으! 흑! 흑! 서방님! 무심도 하십니다. 왜 꼭 서방님이어야 합니까? 왜, 왜, 왜 왜요? 아~ 아, 어! 흑! 그, 흑! 엉! 엉! 엉!"

엄마는 결국, 큰소리로 섧게 섧게 울기 시작한다. 이때쯤이면 큰엄마의 호통 소리가 들려와야만 하는 데 때마침 내리던 비가 지금은 소나기로 변해 큰엄마가 들을 수 없었던 것 같다. 엄마의 울음소리와 빗발치는 소나기 소리에도 아랑 곳 없이 가느다랗게 타들어 가는 호롱불은 꺼질 듯 말 듯 겨우 목숨만 연명만 하고 있다.

다음날.

엄마는 일찍 눈을 떴으나 일어날 수가 없었다. 온몸이 불덩이같았기 때문이다. 그래도 여지없이 들려오는 큰엄마의 욕설!

"이 가시나 아직 안 일어나고 뭐하노? 서방도 없는 년이 뭐하고 자빠졌노?"

엄마는 불덩이 같은 몸을 겨우 일으키며 다 죽어 가는 목소리로 겨우 대답한다. 밖은 어젯밤과는 달리 날씨가 맑게 갠 상태다.
"쿨~ 룩, 예, 혀, 형님! 지금 나갑니더. 쿨~ 룩."
"재발리 안 기어 나오노?"
"예. 쿨~ 룩, 혀, 형님. 쿨~ 울~ 룩."
엄마가 겨우 몸을 이끌고 부엌으로 가자 큰엄마의 욕지거리가 다시 또 이어진다.
"아이고, 가시나 자~알 한데이. 여름 고뿔은 개도 안 걸리는데 우예 못났으면 고뿔이 다 걸리노?"
그리고는 사팔뜨기 눈으로 날카롭게 쏘아본다. 엄마는 흠칫하며 몸을 한껏 움츠린다.
"니, 일하기 싫어서 지랄하는 거 맞제?"
"아, 아닙니더. 혀, 형님 쿨~ 룩."
"그라모 재발리 밥하고 쇠죽 끓여 퍼다 주거래이. 내는 들어간데이."
"예, 혀. 형님! 콜~ 록."
큰엄마가 엄마에게 날카로운 사팔뜨기 눈으로 지시를 내린 후 막 들어가려고 할 찰라, 시어머니인 할머니의 음성이 들린다.
"야~ 야! 새 애기가 많이 아픈 모양인 갑다. 오늘 아침은 석호 어미가 하거래이."
순간, 큰엄마의 얼굴이 표독스럽기 그지없는 마귀할멈으로 변한다. 엄마는 섬짓하며 뒤로 한 걸음 물러나며 더듬거린다.
"아닙니더. 어무님! 지는 괜찮습니더. 지가 하겠심니더. 쿨~ 룩."
할머니는 다가와서 엄마의 이마를 만져본다.
"이래도 괘안타고? 몸이 불덩이인데."

"지는 아무렇지도 않심니더. 콜~ 록."
"시끄럽다. 고마. 오늘은 집에서 좀 쉬거래이. 시집온 그날부터 이날 이때까지 죽어라고 일만 했으니……."
그러자 옆에 있던 큰엄마가 버럭 소리를 지른다.
"어무님! 그라모 지가 야를 시집살이도 시킨단 말입니꺼?"
"내 말은 그게 아이고……."
큰엄마는 시어머니인 할머니에게까지 싸늘한 눈초리로 쏘아본다. 갈수록 위아래도 없이 표독스럽게 변한다.
"시끄럽소. 고마하소."
"아무튼, 오늘은 석호 에미가 수고 좀 하거래이."
큰엄마는 뒤돌아 부엌으로 들어가며 중얼거린다.
"내, 저느무 가시나 때문에 이 무슨 고생이고."
할머니는 엄마한테 어서 들어가라는 시늉을 한다.
"내 미안타. 새아가! 좀 들어가 누워있거래이."
엄마는 코끝이 찡해온다. 엄마는 그날 할머니 덕분에 시집온 이후로 처음으로 하루를 쉴 수 있었다. 그러나 그 대가는 혹독했다. 그날 이후로 큰엄마의 욕설과 시집살이는 몇 배나 더 심해졌다.
이 시기쯤 누에를 치기 시작한다. 누에는 봄, 가을 두 번에 걸쳐 친다. 면에다 신청한 만큼 누에 알을 받아와서 새로 돋아난 뽕잎을 따다가 아주 잘게 썰어서 알 위에다 얹어준다. 며칠이 지나면 알에서 깨어난 애벌레가 꼬물꼬물 움직인다. 한 이레 정도 지나면 허물을 벗기 시작하는데 그때는 먹지도 않는다.
그렇게 누에가 집을 짓기 전까지 네 번에 걸쳐 잠을 자며 그때 가다 누에똥을 치워줘야 한다. 누에가 커 갈수록 뽕잎을 많이 먹으며 뽕잎 갉아 먹는 소리 또한 대단히 요란하다. 마치 가그락가

그락 거리는 소리가 한여름 밤에 쉴 새 없이 퍼붓는 소나기 소리로 들리곤 한다.

큰집도 예외는 아니어서 봄가을이면 어김없이 누에를 친다. 밭일이 끝나기가 무섭게 누에를 쳐야 했다. 시집오기 전 단 한 번도 일을 해보지 않고 곱게만 자란터라 모든 일이 서툴 수밖에 없었다. 그럴 때마다 들려오는 큰엄마의 욕설,

"저 느무 가시나를 어따 쓸라꼬 데리고 왔노?"

그럴 때마다 엄마는 죄인 아닌 죄인이 되곤 한다.

"지송합니더. 형님, 잘 하겠습니더."

엄마는 오늘도 아침 일찍 뽕잎을 따러 가기 위해 소쿠리는 이고 망태기는 메고 오리쯤 되는 들판으로 나간다. 물론 찢어지게 가난한 시집에 뽕나무가 있을 리 없다. 이웃집 뽕나무에서 뽕잎을 따서 누에에게 뽕잎을 썰어 주고 나서 품삯 대신에 얼마 안 되는 뽕잎을 가져와서 집에 있는 누에에게 먹이를 줘야 한다.

특별한 사정이 없으면 큰집은 매년 윗동네 사는 기성이 아저씨네 집에 누에를 쳐주고 뽕잎을 가지고 와서 누에를 쳤다. 고모 두 명이 시집가기 전까지는 고모들이 누에를 쳤지만 시집가고 난 몇 해 동안은 하는 수 없이 큰엄마가 그 일을 할 수밖에 없었다. 늘 불평과 불만으로 가득 차 있었기에 누에고치의 상품 가치가 형편없었다. 그럴 때마다 기성이 아저씨는 다른 집에 맡기려 했지만, 할머니를 봐서 참고 참았다. 그러다가 지난가을 누에고치는 너무 형편없어서 올해 봄부터는 맡기지 않으려 작정을 했다 그것을 안 할머니가 조카뻘 되는 기성이 아저씨를 찾아가서 머리를 숙인 끝에 올해 봄누에 치기를 한 번만 더 맡기로 했다.

정말 가난해도 가난해도 이렇게 가난할 줄은 전혀 알지 못했다.

그렇게 애지중지하던 엄마인데 일부러 그러지는 않았겠지만 일 년 내내 쌀 한 톨 구경 못 하는 이토록 가난한 집으로 시집을 보낸 외할아버지 외할머니 즉, 엄마의 숙부님과 숙모님이 무척이나 원망스러웠다.

해는 어느새 중천에 떠올라 머리가 벗겨져 나갈 듯이 뜨겁다. 비록 봄을 지나 초여름이라고는 하지만 이글이글 타오르는 용광로를 머리에 이고 있는듯하다. 뽕나무는 밭둑에 주로 심었고 뽕나무 아래는 대부분 콩을 심어 놓았다. 물론 밭에는 주된 곡식인 보리나 밀이 누렇게 자라 수확을 기다리고 있다.

"휴~. 오늘따라 더 덥데이."

힘들고 지치지만 잠시도 쉴 수도 없다, 점심 전까지 따서 오후가 되면 누에에게 뽕잎을 썰어 주어야 한다. 이 일을 해가 지기 직전에 마무리해야 한다.

똑! 똑! 똑! 뚝! 뚝!

어른 손바닥만 한 뽕잎을 딸 때마다 뽕나무 열매인 푸릇푸릇한 오디가 모습을 드러낸다. 그중에는 익어서 먹음직스러운 까만 오디도 있지만 막 익어가는 새색시 볼같이 볼그스레한 오디가 대부분이다. 엄마는 익어서 까만 오디와 아직 익기 전인 빨간 오디도 함께 따먹으면서 열심히 뽕잎을 딴다. 밭둑 군데군데 밀 서리를 한 흔적으로 타다 남은 밀짚이 보인다.

내리쬐는 태양을 올려다보며 토란잎에서 또르르 물방울이 굴러 떨어지는 듯한 땀방울을 짧은 옷소매로 닦으며 혼잣말로 중얼거린다.

"휴~. 우예 바람 한 점 없노?"

손을 뻗어 뽕잎을 따려다 말고 밀이삭으로 손이 간다.

"어디 한번 맛이나…."

아직 다 영글지는 않았지만 밀 이삭 두어 이삭을 꺾어 양 손바닥으로 비벼서 후~ 후~ 훗! 분다. 그러자 알맹이는 남고 껍질은 날아간다. 그리고는 한입에 훅~ 하고 털어 넣는다. 꿀맛이다. 엄마는 다시 밀 이삭을 꺾으려고 서너 발자국을 옮기자 타다 남은 재위로 밀 이삭이 보인다. 아마도 누군가 밀 서리를 하다가 주인에게 들켜 그대로 줄행랑을 친 듯하다. 엄마는 그 자리에 털썩 주저앉는다.

"익은 밀 이삭이 많네."

조금 전처럼 밀을 양손으로 비비기 시작한다. 껍질이 아까보다는 훨씬 더 잘 벗겨진다. 잿더미에 숨어 있는 밀 이삭을 파헤쳐 꺼내며 연신 비벼서 입안으로 털어 넣는다. 맛이 정말 꿀맛 중의 꿀맛이다.

"이리 맛있는 걸 몰랐네."

친정에서조차 먹어보지 못한 아니 먹을 리가 없었던 밀, 알맞게 익어서 노릇노릇하게 타다만 밀 이삭, 손등으로 흐르는 땀방울을 닦을 때마다 그러잖아도 시커멓게 탄 얼굴이 더 시커멓게 변해 검둥 강아지처럼 변했다.

"으~ 우째 이리 맛있노?"

정신없이 비벼서 입안에 털어 넣기를 몇 번이나 했는지 알 수가 없다. 모처럼 배 불리 먹어 본 엄마는 포만감에 길게 하품을 하며 두 팔을 힘껏 벌려 크게 기지개를 켠다.

"아~ 하~ 함!"

그때, 어디선가 가느다란 여인의 비명이 들리는 듯했다. 엄마는 가만히 귀를 기울여본다. 분명 어디선가 들려오는 가느다란 신음소리와 함께 들려오는 가냘픈 여인의 비명 소리가 틀림없다. 엄마는 귀를 쫑긋 세우고 사이사이에 난 잡풀을 헤치고 소리 나는 쪽으로 살금살금 발걸음을 떼어 놓는다. 대략 30걸음을 걸어가면 작은 개울이 흐른다. 개울 양쪽에는 튀밥을 튀겨놓은 듯한 찔레꽃이 만발했고 졸~ 졸~ 졸~ 흐르는 물가 곳곳에는 납작납작한 바위들이 즐비해 있다. 동네 어른들은 밭일을 하다가도 이곳에 와서 시원한 물로 목을 축이기도 한다. 들녘 군데군데 일군들이 보일만도 하지만 오늘따라 가끔씩 들려오는 풀벌레 소리 외에는 쥐 죽은 듯 고요해서 무섭기까지 하다. 그때,

"아~ 악! 사, 사람……. 으! 윽."

또다시 뜨거운 공기를 타고 들려오는 비명소리. 차츰차츰 다가가자 비명소리가 더욱 선명하게 들려온다.

"사, 살려 주이소."

엄마는 파르르 떨리는 가슴을 애써 진정시키며 온몸을 한층 더 움츠리면서 개울가에 힘없이 자란 망초대를 붙잡고 소리 나는 쪽으로 고개를 내미는 순간 하마터면 악! 하고 소리를 지를 뻔했다. 그곳에는 차마 눈 뜨고는 볼 수 없는 광경이 펼쳐지고 있었다. 한 평 반 정도 남짓한 편편한 바위 위에는 한 쌍의 남녀가 심하게 실랑이를 벌이고 있다.

아래에 깔린 여인의 흰 적삼은 반쯤 풀어 헤쳐져 하얀 속살이 훤히 드러나 보인다. 위를 올라탄 건장한 사내는 발버둥 치는 여인의 두 팔을 우악스럽게 짓누르면서도 어느새 자신의 누런 윗도리와 바지는 벗어 나뭇가지 아무 곳에나 던져놓은 상태였다. 건장한 사내는 한 가닥 남은 누런 광목의 속곳까지 벗으려 애를 쓰고 있다. 그러면서도 한 손으로는 아래 깔린 여인의 검정 치마를 벗

기려 바쁘게 움직이고 있다.

여인의 얼굴에는 두려운 빛이 역력하다. 온몸을 이리저리 움직이며 발버둥을 치면서 울음 섞인 음성으로 애원한다.

"나, 나리! 혀, 형사 나리. 제~ 제발, 저는 아이를 임신한 몸입니더."

그러나 욕정으로 가득 찬 사내의 귀에는 들릴 리가 만무다. 입가에는 한여름 축 늘어진 개 혓바닥처럼 침을 질질 흘리며 헐떡거리고 있다.

"크~ 흐! 흐! 조센징 년 따위가 감히 대일본 제국에 반항하다니……."

"혀, 형사 나리. 제, 제발 아, 안됩니더."

그러고 보니 여인을 겁탈하려고 하는 사내는 일본 순사, 겐지라는 형사가 틀림없는 듯하다. 이 동네 저 동네 다니며 젊은 청년들을 징용으로 강제징집하고 열 서너 살 넘은 소녀들 까지도 일본군 위안부로 실어 보내던 기무라 형사가 떠나자 마을 사람들은 쾌재를 불렀다. 그러나 그것도 잠시 구관이 명관이라고 했던가?

며칠 후 겐지라는 형사가 부임해오면서 마을은 술렁이기 시작했다. 기무라 형사보다 더 악독했다.

"아무리 왜놈들이지만, 사람의 인두겁을 쓰고 우예 저래 악독할 수가 있노?"

"본디 겐지 놈은 조선인이라 카데."

"누가 그런 말을 하더노?"

"아지매. 아는 사람은 다 압니더."

"저런 친일파는 쳐 죽이야 할 낀데."

"그래 말입니더. 벼락은 와 안 치는지 모르겠심더."

"휴! 이게 다 힘없이 뺏긴 나라 잃은 설움 아니겠노?"

마을 사람들은 삼삼오오 모일 때마다 저마다 한마디씩 하곤 했다. 엄마는 그 악명 높은 겐지 순사임을 직감했다.

결국, 일본 사내의 거친 손길에 의해 검은 치마가 벗겨지자 여인의 길고 흰 다리가 적나라하게 나타난다. 이제 남은 것은 손바닥만 한 하얀 속 고쟁이뿐이다. 욕정이 극에 달한 왜놈은 자신의 모든 피가 아랫도리로 쏠리는 듯 누룩처럼 부풀어 오르는 것을 느꼈다. 드디어 마지막 남은 고쟁이마저 우악스러운 사내의 손에 찢겨 나갈 절체절명의 운명에 놓인 것이다.

"아~ 안돼."

"으! 호! 호."

"이, 개, 돼지 짐승만도 못한……."

말이 채 끝나기도 전에 여인은 짝~ 하는 소리와 함께 눈앞이 캄캄해 오는 것을 느꼈다. 여인의 입술에서는 찝찌름한 선홍빛 핏물이 흘러나온다. 두 눈에서는 한여름 갈잎을 타고 내리는 빗물보다도 더 굵은 눈물이 양 볼을 타고 주르르 흘러내린다. 끓어오르는 분노와 수치심을 참지 못해 입술을 잘근잘근 씹으면서도 자신의 연약함을 탓할 수밖에 없었던 여인, 아니 주권을 빼앗긴 나라에서 무엇을 할 수 있단 말인가? 모든 것을 포기한 듯 여인의 두 팔이 스르르 힘없이 옆으로 떨구어진다.

"호! 호! 호! 진작에 그럴 것이지."

여인의 자포자기로 인해 두 손이 자유로워지자 마지막 남은 자신의 속곳을 거침없이 벗겨 내린다. 바로 그 순간, 퍽! 하는 둔탁한 소리와 함께 적막을 깨고 들려오는 외마디 비명.

"으~ 아~ 악."

엄마의 아리랑 127 -

잔뜩 흥분한 일본 순사가 막 거사를 치르려고 허리를 치켜들다 말고 철퍼덕 뒤로 나가 자빠진다.

왜놈의 머리에서는 검붉은 피가 꾸역꾸역 흘러나온다. 왜놈은 벌거벗은 채로 한 손으로는 흘러나오는 피를 막으며 다른 한 손으로는 바위 옆 돌무덤에 놓인 일본도를 찾기 위해 안간힘을 쓴다. 두 눈알은 금방이라도 튀어나올 듯한 광기가 번뜩인다.

살금살금 기어가서 이 천인공노할 광경을 본 엄마가 도랑가에 있는 작은 참외만 한 돌멩이를 주워 차마 인간으로서는 하지 못할 짓을 하려고 한 왜놈의 머리를 향해 냅다 던진 것이다. 다행스럽게도 그것은 막 욕정을 채우려는 왜놈의 머리에 정통으로 맞은 것이다.

욕정에 굶주린 늑대 같은 일본 순사는 엄마가 다가갈 때까지 인기척조차 느끼지 못했다. 날아온 돌에 한방 크게 얻어맞고서야 정신이 번쩍 든 왜놈은 그제야 도랑가에 서 있는 엄마를 발견하고 금방이라도 도륙할 기세로 쏘아본다.

엄마 자신도 어떻게 이렇게 끔찍한 일을 저질렀는지 손발만 달~ 달~ 달~ 떨릴 뿐이다.

"조센징 년, 니 년의 생간을 씹어 먹으리라."

왜놈의 섬뜩하고 날카로운 음성에 번쩍 정신이 들었다. 그사이 여인은 자신의 등 쪽에 깔렸던 옷가지를 대충 챙겨서 개울가를 급히 빠져나오려고 했다. 엄마는 한 발짝 정도 내려가 손을 내밀어 여인의 오른손을 잡아당긴다. 그런데 오른쪽 발이 돌 틈에 끼여 잘 떨어지지 않는다. 그사이에 왜놈은 일본도 찾던 것을 포기하고 엄마의 발목을 비틀어 잡는다.

"어딜, 감히 네년이 대일본제국을 능멸하고도 살아날 성싶나?

대일본제국의 명예를 걸고 니 년의 생간을 반드시 갈아 마시리라."

엄마는 일본 순사의 쇳소리 같은 음성에 떨렸고 무서웠지만, 여인을 끌어올리며 다급히 외친다.

"아지매, 빨리~."

이때, 엄마의 팔을 잡고 올라오던 여인은 머리에서 피가 흐르는 왜놈을 무서운 눈으로 쏘아본다.

"극악무도한 만행으로 인해 반드시 망하고 천벌을 받을 끼다."

그리고는 도랑가 주위에 있는 큰 돌멩이를 주워든다.

그것을 본 엄마는 순간적으로 여인의 손에 들린 손멩이를 빼앗으며 다급히 말린다.

"아지매, 그라면 안됩니더. 빨리 도망……."

그러나 이미 늦었다. 여인은 왜놈의 머리를 이미 두어 번 내려친 후였다.

퍽! 퍽!

"아-악"

고통에 찬 비명소리와 함께 꽉 비틀어 잡았던 왜놈의 오른손이 비로소 스르르 풀린다.

"으~ 으~으~ 니 년들을……. 으! 윽."

여인은 수치심과 분노에 못 이겨 다시 한번 내려치려고 한다. 엄마는 여인을 다시 끌어당기며 다급한 음성으로 입을 연다.

"아지매, 안됩니더. 그라모 저 놈 죽습니더. 퍼뜩 도망갑시더."

여인은 아직도 분이 안 풀렸는지 쓰러진 왜놈을 한동안 째려보다가 엄마의 강한 만류에 비로소 하던 행동을 거두고 엄마의 손을

엄마의 아리랑 129

잡고 개울가 위로 올라왔다.

"질부 참말로 고맙데이. 질부 아니모 우짤 뻔했노?"

"아지매! 우째다 변을 당할 뻔했습니꺼? 아무튼 참말로 큰일 날 뻔했심더."

알고 보니 아랫동네 사는, 엄마에게는 9촌 숙모인 미꼴이 아주머니다. 시집온 지 5년 동안 태기가 없다가 몇 달 전에 아기가 들어선 것을 알았다. 손이 귀했던 집안이라 무척 좋아하였으나, 그 기쁨도 잠시뿐이었다. 아버지와 같이 미꼴이 아저씨도 징용에 끌려간 것이다. 아버지보다도 나이가 훨씬 많은 스물여섯인데도 달이다.

"내 쪼매만 더 수치스러운 일 당했으면 혀 깨물고 꽉 줄을라 했는 기라."

"참말로 이만하기 다행입니더. 그나저나 아지매. 어데 댕겨오시다가 변을 당할 뻔했습니까?"

"내, 지용골 친정 댕겨오다가 저 늑대 같은……."

그때 부스럭거리는 소리가 들리며 금방이라도 숨이 끊어질 듯한 고통에 찬 소리가 들린다.

"으! 으! 윽! 내, 니, 년들의 가랭이를 찢……."

말을 끊었다 이었다 하면서 겨우겨우 기어 올라와 풀썩 쓰러진다. 기어이 찾은 일본도로 땅을 찍으며 다시 일어서려고 무한 애를 쓴다. 온몸에 선혈이 낭자한 왜놈의 몰골이 말이 아니다. 엄마가 기겁하며 놀란다.

"아지매 퍼뜩 갑시더."

그 사이 옷을 챙겨입은 미꼴이 아주머니도 더는 아무 말도 하지 않고 왜놈을 한번 째려본 후 고개를 끄덕인다.

"그러세. 질부 퍼뜩 가세."

두 사람은 손을 맞잡고 마을을 향해 바람을 갈랐다.

"크~ 르~ 륵! 큭! 조센징 년들! 반드시 씨를 말리리라. 클~ 후! 르~ 르~ 르!"

가래 끓는 소리와 숨이 넘어가는 소리가 함께 어우러지는가 싶더니 그 소리도 차츰 멀어져간다.

그날 이후로 마을은 흉흉한 소문이 나돌았다. 순찰하던 일본 형사 한 명이 돌에 맞아 기절했는데 순찰 돌던 순사들에 의해 발견되어 병원으로 이송되어 치료 중이라는 것이다

일본 형사들은 범인을 잡기 위해 동네를 샅샅이 뒤졌으나 별 효과를 거두지 못하자, 이 마을을 모두 불 지른다거나 마을 여인들은 나이와 관계없이 모두 위안부로 끌고 간다거나 하는 괴소문이 나돌았다. 이 동네에서도 마을 전체가 피해를 볼 수는 없다는 것으로 의견이 모이고 있었다. 아무 말도 못 하고 엄마와 미꼴이 아주머니의 근심은 이만저만이 아니다. 물론 둘 외에는 이 사실을 누구도 모른다. 사실, 엄마와 미꼴이 아주머니는 억울하기 그지없다, 인간으로서는 도저히 할 수 없는 짐승보다 못한 짓을 하던 늑대 같은 왜놈은 당연히 죽어 마땅하거늘, 죽지도 않고 버젓이 살아있는데도 불구하고 나라 잃은 백성으로서는 어디서 하소연할 곳은 전혀 없다. 잡히는 날에는 재판 없이 공개총살이 분명했다.

"다 피해 볼 수는 없는데 그렇다고 통 뾰족한 수가 없으니 우짜지요?"

"글쎄, 범인을 모르는데 우야노?"

"범인을 알면 또 우얄 낀데? 잡아넣을 꺼가?"

잠시 침묵이 흐르자 친일행각으로 의심을 받는 함식이 아저씨가

한마디 한다.

"범인을 잡어서 넘기든가 아니면……."

"아니면?"

"아니면 다른 사람을 범인으로 몰아서라도……."

"니, 지금 그걸 말이라고 하노? 죄 없는 사람에게 죄를 뒤집어 씌우자 그 말이가?"

"그라모 우짭니꺼? 다 죽게 생겼는데……."

"그렇다고 죄 없는 사람을 죽게 만들자고? 그게 말이 된다고 생각하노?"

"흥! 마음대로 해 보소. 내는 그리 피해 볼일 없심더."

"여긴 없지만, 눈에 가시거리인 명자 아버지 없앨라꼬 하는 거 아는 사람은 다 안데이."

함식이 아저씨가 펄쩍 뛴다.

"아제는 무슨 말을 그리 하는교?"

옆에서 묵묵히 듣고 있던 동식이 아저씨가 한마디 거든다.

"읍내 나간 일 우예 됐는지 결과나 보고 나서……. 그러니 잠시 기다려 보거래이."

모두가 동의하는 눈초리다. 잠시 침묵이 흐르자 밖에서 시끄러운 소리가 들리는가 싶더니 방문이 활짝 열린다. 읍내 나갔던 순식이 아버지가 헐떡거리며 단숨에 달려온 것이다.

"어르신! 됐심더. 겐지 사건 문제 삼지 않기로 했심더."

모여 있던 동네 사람들은 하나같이 두 손 들어 만세를 부르며 뛸 듯이 기뻐한다.

"그~ 으~ 래? 참말로 잘 됐데이."

동네에서 십시일반씩 모은 돈으로 일본 고등계 반장을 구워삶은 것도 있지만, 사실은 겐지 형사가 조선인이었고 또한 겐지의 포악성과 악랄함은 일본 순사들을 훨씬 띄어 넘었다. 그러다 보니 일본 순사들도 겐지가 골칫거리였다.
　이때, 함식이 아저씨는 무엇이 못마땅한지 헛기침을 두어 번 한 후 빠져나간다.
　악질 친일을 일삼던 겐지는 치료 후 본국으로 소환되었고, 그 후로 겐지 소식을 아는 사람은 아무도 없었다.

4

　일본의 진주만 공격이 시작되자 더 많은 군량미가 필요하게 된다. 왜놈들에게 생산량의 반 이상을 공출로 내야만 했다. 숨기거나 감추었다가 들키는 날에는 그날로 끝이었다.
　전에는 적당한 가격을 지급한 후 거두어 갔으나 다급해지자 적정 가격은커녕 거의 빼앗다시피 거두어 갔다.
　"휴! 전부 공출로 내고 나모 우리는 뭘 먹고 사노?"
　가뜩이나 가난한 시골 마을에서 들려오는 것은 한숨 소리뿐이다. 그렇게 시간은 흘러 모내기를 하고 들녘이 온통 황금 물결로 바뀐 가을이 왔다. 그러나 엄마의 고생은 여전히 변함이 없었다. 그렇게 힘들어도 큰엄마의 심한 시집살이에 숨 한번 크게 쉴 수가 없다. 저녁마다 흘린 눈물이 한 우물을 이룰 정도다.
　"흑! 흑! 흑! 서방님! 왜 소식이 없습니꺼? 우예든동 살아만 계셔 주이소. 으! 호! 흑!"

 엄마의 가슴은 시커멓게 타서 숯이 되었고 손발은 갈라지고 아물고 하기를 몇 번 하는 동안에 장작개비로 변해 있었다.

 손바닥만 한 논뙈기에서 추수를 끝내고 나자마자 남의 집 품팔이를 나서야 한다. 오늘따라 엄마의 몸은 더욱더 천근만근이다. 그러나 큰엄마는 전혀 개의치 않는다. 인정머리라고는 코털만큼도 없다.

 "이놈의 가시나, 재발리 일어나서 퍼뜩 아침준비 안 하노?"
 "예. 형님, 지금 나갑니더."
 "저리 게을러 뭣에 쓰노?"

 엄마가 봄부터 송아지를 건사하고 나서부터는 살찌고 기름진 소로 바뀌었고 제법 어른 소 티가 난다.

 "오늘은 서당골 아제네 나락 베는 것 알고 있제?"
 "예, 형님."

 그러나 모든 품삯은 단 한 푼도 만져 볼 수가 없다. 지난봄 남의 집 누에를 쳐 주고 남은 뽕잎으로 누에고치를 쳐서 내다 팔은 품삯도 단 한 푼도 받지 못했다. 일전 한 푼 주지 않고 몽땅 큰엄마가 가져간 것이다.

 "저~ 형님, 지난번에 받은 품삯 좀⋯⋯."

 엄마의 말이 끝나기도 전에 되돌아오는 것은 욕지거리뿐이다.

 "이 가시나가 무슨 말을 할라 카노? 니는 없는 살림에 먹여주고 재워 주는 게 얼만지 아노?"

 늘 이랬다. 오늘도 남의 집 추수를 끝내고 초주검이 되어 집으로 들어가는 길이다. 집이라고 해봐야 아무도 기다려 주지 않는

쓸쓸하고 외로운 집이다. 도살장에 끌려가는 심정으로 힘없이 터덜터덜 걸어온다. 시집온 지 1년도 채 안 된 새댁이라고는 어느 한 군데도 눈 씻고 찾아볼래야 찾아볼 수가 없다. 해가 떨어진 지 제법 된 듯 가을바람이 제법 차다. 마을 어귀에 다다르자 작은 그림자가 어른거린다. 엄마는 마중 나온 조카들임을 직감한다. 가끔 친엄마인 큰엄마의 눈을 피해 마중을 나오곤 한다.

어린 조카들도 친엄마인 큰엄마보다도 작은 엄마인 엄마를 더 잘 따랐다.

"자, 작은엄마아~~."

어린 조카 셋이서 달려와 와락 엄마 품에 안긴다. 장조카 석호를 비롯해서 두 살 터울인 순옥이와 세 살 먹은 막내까지 나왔다. 엄마도 어린 조카들을 꼭 끌어 안는다.

"추운데 우예 나왔노?"

"작은엄마 보고 싶어 안 나왔나."

"그리 보고 싶었나?"

어린 조카 셋이 동시에 고개를 끄덕인다. 그러더니 둘째인 순옥이가 고사리 같은 손을 내민다.

"작은엄마 이거······."

엄마의 가슴 한쪽이 찡해온다. 무엇인지를 알고 있기 때문이다. 그것은 시커먼 꽁보리밥 누룽지다. 늘 배고픈 아이들이지만 엄마를 챙기는 것은 남달랐다.

"배고픈데 너그들 묵지 않고······."

"아이다. 우리는 배부르데이."

그러면서 옆에 서 있는 오빠인 석호를 바라본다.

"안 그렇나 오빠야."

석호도 고개를 끄덕인다.

"맞데이. 작은엄마야! 우리는 배부르데이. 작은 엄마 마이 묵어래이."

순간, 엄마는 가슴이 울컥해지며 뜨거운 눈물이 왈칵 쏟아진다. 다시 한번 어린 조카들을 꼬옥 끌어안는다. 그때, 석호도 무엇인가를 내민다. 누런 편지봉투다.

"이게 뭐꼬?"

엄마는 빼앗듯 받아든다. 편지다. 아버지한테서 온 편지다. 오매불망 기다리던 그 편지. 엄마는 심장이 떨리고 두근거려 견딜 수가 없다.

"석호야! 니 우예 이 편지를 가지고 있노?"

"엄마가 빼앗을까 봐 내가 숨겼다."

엄마는 기쁘면서도 짐짓 혼내는 시늉을 한다.

"그라모 못쓴데이. 그나저나 이 편지 우예 작은 엄마 줄 생각을 다 했노?"

"우리 집에 편지 올 데가 어데 있노? 작은아버지 말고는 …….."

엄마는 누런 편지를 누가 볼세라 품속에 고이 갈무리한다.

"가제이. 엄마한테 혼나기 전에."

엄마는 가장 어린 막내 조카인 대호는 등에 업고 석호와 순옥이는 양손에 잡고 발길을 재촉한다.

그날 저녁,

부지런히 설거지를 마치고 급히 방안으로 들어온다. 저녁을 먹는 둥 마는 둥 했지만, 배가 고프지 않았다 홑이불을 펴서 불빛이 서어 나가지 않도록 방문을 이불로 촘촘히 막았다. 그리고는 품 안에 갈무리했던 누런색 편지를 꺼낸다. 아~ 하는 가벼운 탄식과 함께 엄마의 가슴은 두방망이질한다. 분명 겉봉투에 아버지의 이름이 쓰여 있다.

보내는 사람 안칠규

분명 꿈에도 그리던 아버지 이름이 분명하다. 그런데 받는 사람 이름이 엄마가 아니다.

받는 사람 안영규

몇 번을 쳐다봐도 분명 큰아버지 이름이다. 엄마는 다시 고민에 빠진다. 이 편지를 뜯어야 할건지 말 건지…….

잠시 생각을 하다가 뜯어보기로 했다. 분명 아버지가 보낸 편지이기에 뜯어봐도 괜찮을 것 같았다. 설레는 마음을 진정시키며 조심스럽게 뜯었다. 안에는 세 장으로 된 편지글이 들어 있다. 잘 알아볼 수 없을 정도로 휘갈겨 쓴 것으로 보아 시간에 쫓겨 다급하게 쓴 흔적이 역력했다.

형님 전 상서

형님! 어머님을 비롯한 형님과 형수님 그리고 어린 조카들도 잘 계시지요?

그리운 고국을 떠나온 지도 벌써 반년이 지났지만 이제 겨우 두 번째 편지를 올립니다. 지난번 보내드린 돈은 잘 받으셨는지 소식이 없어 궁금합니다.

순간, 엄마의 두 손이 파르르 떨리며 얼굴빛이 하얗게 변했다.

'서방님이 지난번에도 편지하셨구나! 그것도 돈까지 포함해서…….'
엄마는 계속 읽어 내려간다.

저 역시 자주 연락을 드리지 못해 무척 죄송합니다. 너그럽게 용서를 바랍니다. 지금 이곳은 왜인들이 밤낮없이 우리 조선인들을 다그치고 있습니다.
그러나 전 같지는 않지만 그래도 급여는 꼬박꼬박 잘 나와서 그동안 모아 둔 돈, 지난번에 이어 보냅니다. (중략)

아무튼, 큰집인 형님만 잘살면 우리 집안이 자연히 잘 살 수 있지 않겠습니까? 그래서 먹지 않고 쓰지 않고 모은 돈을 형님께 보내 드립니다. 지난번보다는 철야 작업을 많이 해서 좀 더 많이 모았습니다. 이 돈으로 땅도 사고 밭도 사십시오. 우리 집도 이제 잘 살아 봐야 안 되겠습니까? 제 걱정은 하시지 마시길 바랍니다.
그럼 어머님과 형님, 형수님 그리고 어린 조카들 모두 잘 계시길 바랍니다. 불쌍한 제 처도 또 잘 부탁드립니다.

형님!
그리고 마지막 한 장은 지난번처럼 제 처에게 보여 주십시오. 안녕히 계십시오.
　　　　　　-먼 타국에서 못난 동생 칠규 올림.-

긴 편지는 이렇게 끝을 맺었다. 편지를 읽는 내내 엄마의 두 손은 쉴 새 없이 떨린다. 엄마는 남은 마지막 한 장의 편지를 읽기 위해 펼치는 순간 무엇인가 다른 색깔의 종이가와 또 다른 종이 뭉치가 뚝 하고 떨어진다. 우편환과 현금이다. 우편환은 우체국에서 돈으로 바꾸면 된다. 아버지가 돈을 부쳐 온 것이다. 그것도 엄마가 시집온 후로 가장 큰돈을 만져보는 순간이다. 엄마는 급히 편지글을 읽어 내려간다.

늘 보고 싶고 그리운 당신에게

먼저 당신 혼자 두고 이렇게 떠나온 못난 나를 용서해 주구려. 이곳은 왜인들이 우리나라를 침탈하고도 강대국인 미국도 정복하기 위해 안간힘을 쓰고 있소. 그러나 생각보다 그리 잔인하지는 않으니 걱정하지 마시구려. 사실. 지금은 모든 조선인은 무보수로 노동력을 착취당하고 있다고 하지만 다 그렇지는 않소. 내가 일하는 이곳은 적으나마 노동의 댓가를 받으며 하니 그렇게 걱정은 마시오, 태평양 전쟁 이전에는 조선에서 일하는 것보다는 몇 배는 벌 수가 있었다고 하오. 우리 조금만 더 고생합시다. 나는 지난번 편지에도 말했듯이 이곳 탄광 일이 힘은 들지만 견딜 만하오. 그러니 너무 걱정하지 말고….

바깥 소식에 의하면, 전쟁 막바지에 다다른 일본의 만행은 물론, 친일 족속의 만행이 극으로 치닫고 있다고 들었소. 어머니를 비롯한 형님, 형수님 그리고 조카들은 잘들 지내는지 궁금하오. 이곳 내 걱정 마시오. 오로지 당신만 생각하면서 무슨 일이 있어도 반드시 살아서 돌아가겠소. (중략)

엄마는 억장이 무너지는 것 같았다. 그래도 그나마 아버지가 무사한 것에 위안으로 삼을 수밖에 없다. 그리고는 계속하여 읽어 내려간다.

　여기 애써 모은 돈을 함께 보내겠소. 아마도 지난번보다는 조금 많을 거요. 당신에게 직접 보내지 않고 형님에게 보내는 것은 형님이 잘살면 자연히 우리 동생들도 잘살 수 있기 때문이니 너무 서운해하지 마시오. 자주 편지는 못하더라도 무사히 잘 있으니 너무 걱정하지 말고 돌아가는 날까지 부디 몸 성히 잘 있길 바라오.
-못난 지아비 가.-

　엄마는 편지글이 채 끝나기도 전에 눈물이 왈칵 쏟아진다.
　"으! 흐! 흐! 흑! 서, 서방님. 흑! 흑! 지는 우예야 좋습니꺼? 너무 힘듭니더. 어! 엉! 엉!"
　한동안 숨 숙여 울던 엄마는 짐짓 정신을 차린다. 죽을 고생 하면서 번 돈을 엄마도 모르게 큰집으로 부처 준 것을 생각할 때 속상함은 이루 말할 수 없었다. 한집에 사는 것을 뻔히 알면서도 큰집으로 보내 준 것을 생각할 때 아버지한테도 서운한 마음이 들었다. 그러나 그러한 생각도 잠시 지금처럼 돈을 부쳐 온다면 집은 물론 논밭도 사서 금방 부자가 될 것 같았다. 그러나 문제는 큰엄마다. 큰집으로 부쳐 오는 돈이 엄마에게 전해 전해질 리가 만무하기 때문이다. 엄마는 곧바로 답장을 쓴다. 내용은 의외로 간단했다. 앞으로 편지와 돈은 엄마에게 보내라는 내용이었다. 그것만이 우리가 살길이라고 신신당부했다.
　그러나 이러한 바람도 물거품이 되고 만다. 사건은 다음 날 아침 새벽에 바로 터졌다.
　"이누무 가시나, 니, 일본서 보내온 돈 훔쳤제?"

기가 막힐 노릇이다. 적반하장도 유분수다. 그러나 그것이 큰엄다에게 통할 리가 없다.

"아, 아닙니더. 형님, 훔치다니요. 말도 안 됩니더."

"아니라니? 니, 석호에게서 뺏어간 편지를 내 모를 줄 아노?"

"혀, 형님! 그, 그건."

"니, 뭐라 캤쌌노? 퍼뜩 돈 안 내놓고 뭐하노?"

순간, 엄마의 짙은 두 눈썹이 파르르 떨리며 눈에는 붉은 핏기가 서렸다.

"혀, 형님! 지난번에도 서방님이 돈을 부쳐 온 것으로 아는데 그 돈 도로 내놓으소."

지금까지 단 한 번도 대들어 본 적도 없고 대꾸를 한 적이 없는 엄마다. 어디서 그런 용기가 났는지 말을 하고도 스스로 움찔하며 놀란 엄마다, 그러나 잘하고 있다는 생각이 들었다.

그러자 큰엄마는 온몸을 부들부들 떨며 분을 못 이기는 듯 사팔뜨기인 두 눈을 더욱 크게 치켜세운다.

"뭐라꼬? 가시나 니, 말 다했노?"

엄마도 한발 다가서며 악을 쓴다.

"목숨 걸고 번 돈을 와 한 푼도 안 주고 숨깁니꺼?"

큰엄마는 더욱 씩씩거린다.

"이 가시나, 말하는 거 좀 보소. 내가 숨겼다고?"

"그라모, 아닙니꺼?"

"이느무 가시나야! 그거는 니, 서방이 내게 준 기다. 알겠노?"

"그게 말이나 됩니꺼? 제 서방님이 목숨 걸고 번 돈 아닙니꺼?"

"이 가스나가 말……."

엄마도 한 치도 물러서지 않는다. 오히려 한 걸음 더 앞으로 다가서며 고개를 쳐든다.

"가스나, 가스나, 하지 마소. 내도 엄연히 이 집의 며느리 입니더. 와 자꾸 가스나! 가스나 합니꺼?"

그 말을 듣자 큰엄마의 분노는 극에 달한 듯하다.

"너 말 다 했노? 이느무 가스나가."

"아즉, 할 말이 많습니더. 와요?"

순간, 큰엄마는 한쪽에 있는 싸리 빗자루를 집어 든다.

"가스나, 오데서 함부로 발악발악 대드노? 오늘 쥑이 삘 끼다."

엄마도 전혀 물러날 기색이 없다.

"어디, 형님 마음대로 해 보이소."

화가 머리끝까지 난 큰엄마가 싸리 빗자루로 엄마의 머리를 향해 냅다 내려치려는 찰라,

"그만두지 못하노? 어디서 동서지간에 싸움질이고? 싸움질이…….."

큰엄마는 소리 나는 쪽으로 고개를 획 돌린다. 시어머니인 할머니다. 엄마는 얼른 고개를 숙이며 급히 뒤로 한 걸음 물러났지만 큰엄마는 여전히 고개를 빳빳이 쳐들고 오히려 할머니를 노려본다.

"어무님은 빠지소. 오늘 저 가스나 버릇을 단디 고쳐……."

말을 채 마치기도 전에 마당 빗자루를 휘-익 내두른다. 엄마가 순간적으로 고개를 숙이는 바람에 다행히 살짝 피해 갔다. 빗자루 공격이 실패하자 큰엄마는 금방이라도 때려잡아 먹을 듯이 달려든다.

"그만두란 소리 안 들리노? 석호 애미 니, 아무리 시애미를 같잖게 여겨도 이 시애미 앞에서 니 이래도 되노?"

할머니의 분노에 찬 음성에 그토록 못된 큰엄마도 섬찟하며 하는 행동을 멈춘다.

"가스나, 니 조심 하거래이."

큰엄마는 사팔뜨기 눈으로 할머니와 엄마를 번갈아 째려보며 부엌문을 꽝 하고 닫고 들어간다.

"새아가 들어오니라."

할머니는 엄마의 방으로 먼저 들어간다. 엄마도 뒤따라 들어온다. 엄마는 할머니 앞에 다소곳이 앉았다. 그리고 고개를 푹 숙이 그 모기만 한 소리로 더듬거린다.

"어무님, 참말로 죄송합니더. 제가 그만……."

말을 끝맺기도 전에 할머니는 엄마의 두 손을 덥석 잡는다.

"새아가! 니가 참말로 고생이 많데이. 시애미인 내한테도 저리 발악발악 대드는 저 못된 동서 만나서 고생하는 거 내 다 안데이. 흑~우! 세상에 우예 저리 못된 사람이 있노?"

할머니의 따뜻한 말 한마디에서 단 한 번도 보지도 듣지도 못한 친정엄마의 마음이 느껴졌다. 엄마의 분노는 어느새 봄눈 녹듯이 녹아내린다. 엄마는 할머니의 손을 꼭 잡으며 연신 어깨를 들썩인다.

"흑! 흑! 흑! 어무님, 저 사실 무지 힘듭니더. 저도 어찌 좀 해 즈이소."

할머니는 천정을 바라보며 긴 한숨을 내 쉰다.

"와, 안 힘들겠노? 어린 것이, 이 시에미가 못나서 안 그렇나 니가 죄가 많데이."

"어무님! 으~ 흐! 흑! 흑."

"그래 쪼매만 더 참거래이. 내 후년에는 세간나도록 해보마."

엄마는 고개를 떨군 채 흐느끼고 있을 뿐이다. 할머니 눈가에도 작은 이슬방울이 송골송골 맺히며 양 볼을 타고 흘러내린다.

"쯧! 쯧! 쯧! 저 어린것이 불쌍해서 우야노? 우예든동 죽지 않고 살아 돌아와야 될 낀데……."

할머니는 엄마의 두 손을 더욱더 세게 꼭 잡는다. 그날 이후로도 엄마에 대한 큰엄마의 구박은 여전했다. 아니, 오히려 더 심해졌으며 집안의 종보다 더 심한 일을 해야 했다.

가을걷이가 끝나고 서리가 내릴 때쯤 곶감을 만들기 위해 **빨갛**게 잘 익은 감을 따서 깎기 시작한다. 이 마을에는 감이 많이 나는 고장이라 집집마다 또는 들녘에도 감나무가 허다했다. 그러나 어떻게 된 집인지 큰 집에는 그리 크지 않은 감나무가 달랑 두 그루뿐이다. 가난해도 가난해도 이렇게 가난한 집은 조선팔도에는 없을 듯했다. 큰아버지와 함께 큰엄마와 엄마도 같이 감을 땄다. 까치밥으로 남겨 놓으라는 할머니의 말씀에도 아랑곳없이 큰엄마는 청개구리처럼 몽땅 다 따 버린다.

"저, 못된 성질머리 누가 우예 고치겠노?"

얼마 되지 않은 감이라 감을 깎는데 이틀이 채 안 걸렸다. 엄마는 처음으로 해보는 일이라 서툴기 그지없다.

"감살 다 깎아내모, 우예 내다 파노?"

세상에! 얼마 안 되는 이 곶감도 식구들 먹는 게 아니고 내다 파는 모양이다. 그랬다. 대부분 동네 사람들은 감을 처마 끝에 주렁주렁 매달아 정성스레 말려서 곶감으로 만들어서 읍내 장에다 내다 팔았다. 그래도 집 식구들이 먹을 정도는 놔두고 말이다. 그러나 큰집은 달랐다. 서너 접밖에 안 되는 곶감이라 맛도 겨우 볼 정도다. 깎아낸 감 껍질을 먹는 것만으로도 감지덕지다. 엄마는 낮이는 일하고 밤에는 남의 집 감을 깎으러 다녔다. 품삯이라고는 감을 깎아주고 나오는 감 껍질을 가지고 오는 것이 전부다. 많이 가져오기 위해서는 많이 깎아야만 한다. 하루 이틀 지나자 엄마의 감 깎는 속도도 빨라졌고 또한 가장 얇고 예쁘게 깎았다.

"새댁은 못 하는 게 없네."

새벽 서리가 맞도록 동네 감을 보름 정도 깎자 큰집에는 어느 해보다도 많은 감 껍질을 확보할 수 있었다. 할머니는 매일 정성스레 햇볕에 내다 말린다.

"새아가 덕분에 어린 애들이 배는 덜 곯겠구마."

엄마는 아플 수도 없다. 아니 아프면 안 되는 사람이다. 동네 감 깎기가 끝나면 베 짜기가 기다리고 있다.

삼베의 재료가 되는 대마는 6~7월경에 수확한다. 씨를 뿌리고 봄 한 철 동안 자란 대마는 두 팔을 들어 올린 어른 키보다 더 크게 자란다. 동네 어른들은 품앗이 해가며 베어낸다.

"아제는 우째 이리 삼을 잘 키웠습니꺼."

"조카는 무슨 소리 하는가? 서두 아제네 삼을 못 봐서 하는 소린가?"

"허긴, 그 아제를 누가 따라가겠습니꺼?"

"말해서 뭐하겠노? 입만 아프제."

이렇게 넋두리를 하면서 베어낸 삼에서 잎사귀를 다 떼어낸다. 어른들은 떼어낸 삼 씨나 잎을 말려서 담배를 말아 피우기도 하고 집안 식구들이 배가 아프거나 감기에 걸렸을 때 달여 먹기도 한다. 잎사귀가 제거된 삼대는 큰 무쇠 가마솥에 넣고 수증기로 찐

엄마의 아리랑 145

다. 그리고는 쪄낸 삼대에서 껍질을 벗겨 말린다. 다시 물에 적시고 찢고 쪼개는 과정을 몇 번 거친 후 얇게 일정하게 만들어 묶어 놓는다.

농번기가 끝나면 어떤 이들은 베 짜기를 통해 삼베를 만들기도 하고 또 어떤 이들은 9월에 수확한 솜에서 무명옷감을 만들기도 한다. 주로 품앗이로 이루어졌지만, 목화를 수확할 밭뙈기 한 조각 없었던 큰집은 길쌈조차 품팔러 다녔다. 작년까지만 해도 하는 둥 마는 둥 하면서 남의 집 길쌈 품을 다녔던 큰엄마는 엄마가 시집 온 올해는 그나마도 하지 않는다.

"니, 오늘은 봉술 아지매 미영(목화) 잡는 날인 거 알지?"
"예, 형님."

어제까지는 삼베 품을 팔았다. 처음 해보는 길쌈 일이라 서툴기도 하고 힘들기도 하지만 삼베 짜는 일은 정말 죽을 만큼 힘들었다. 물레질이나 베 짜기보다도 삼에서 뽑아낸 실과 실 끝이 끊어지지 않게 이어주는 일이 가장 어렵고 힘든 일이라 생각되었다. 이를 위해서는 실을 물에 적셔서 허벅지에 대고 꼼꼼하게 비벼야 한다. 길어지는 겨울밤에 아낙네들의 해학과 음담을 들어가며 허연 허벅지를 내놓고 연약한 살갗이 다 벗겨질 정도로 비벼대며 실을 잇는 과정이 너무나 힘들었다.

그러나 솜을 타서 무명옷감을 만들기 위해서는 여러 번의 손을 거친다. 솜과 씨앗을 분리한 후 솜을 일정하게 부풀려서 이불 만들듯이 돌돌 만다. 이것을 고치 말기라 하는데 이 과정이 끝나면 물레로 실 잣기를 한다. 이것은 삼베 짤 때 물레질과 같지단 부드러운 하얀 맨살 위에 비비는 일은 없다.

물레로 뽑은 실을 베틀에 걸고 풀을 먹인다. 그리고 마지막으로 네틀로 베를 짜서 무명천을 만들어 낸다. 같은 일을 같은 시간까지 하지만 늘 엄마는 다른 사람들보다 많이 했다.

"어린것이 참으로 지독하데이."

"좀 쉬엄쉬엄 하거래. 그리 열심히 해도 불한당 같은 동서가 달아주길 하노. 품삯을 손에 쥐여주길 하노"

"찢어지게 가난한 집에 시집와 못된 동서 시집살이에, 서방은 징용에, 참말로 지지리도 복도 없데이."

그런 소리를 들을 때마다 억장이 무너지는 것 같다. 그래도 어디 한 곳 하소연할 곳도 없다. 하얀 서리가 내리는 새벽에야 돌아오곤 한다. 오늘따라 은빛 보름달이 유난히 차갑게 느껴지며 날카로운 비수 끝으로 휑한 가슴 한구석을 도려내는 듯 아파져 온다. 순간, 북받쳐 오르는 서러움이 한꺼번에 피를 토하듯 목구멍을 타고 올라온다. 그러자 겁 잡을 수 없는 눈물이 왈칵왈칵 쏟아져 흐른다. 엄마는 몸이 휘청거려 더는 발걸음을 옮길 수 없어 그 자리에 힘없이 주저앉는다.

"으! 흐! 흑! 서방님. 무심도 하십니더. 와, 이리 소식이 없습니꺼?! 흑! 흑! 검은 구름 따라 흐르는 저, 저 달님에게 물어봐야 엉! 엉! 합니꺼? 지나가는 바람에게 흑! 흑! 물어봐야 합니꺼?"

하지단 엄마가 한가지 모르는 것이 있었다. 다름이 아니라 그사이에 아버지가 제법 많은 돈을 또 한 번 보내온 것이다. 그것도 이번에는 엄마 앞으로, 그러나 이미 큰엄마가 중간에서 가로챈 탓에 엄마는 알 턱이 없었다.

그렇지만 마음 놓고 하염없이 울 처지도 아니다. 얇은 옷 탓인

추워서도 아니다. 그런 것쯤은 얼마든지 참을 수가 있다. 당장 내일 아침 아니, 몇 시간 후면 소여물에다 아침밥도 준비해야만 한다. 그렇지 않으면 불같은 큰엄마에게 어떤 욕을 먹을지 불을 보듯 뻔하기 때문이다.

5

　오늘은 문중에서 1년에 한 번씩 지내는 시제 날이다. 아침 새벽부터 동네 집안 어른들은 분주하게 움직인다. 큰집도 예외는 아니다. 비록 장만한 음식은 별로 없지만, 엄마는 여느 때보다 훨씬 더 일찍 일어나 이것저것을 정성스럽게 챙긴다. 대부분의 시제에 사용할 음식은 마을 끝자락에 사는 종갓집에서 준비했고 나머지는 집안들끼리 조금 조금씩 나누어서 한다.
　"새아가 감 홍시하고 인절미는 챙겼노?"
　할머니 말에 엄마는 공손히 대답한다.
　"예, 어무님! 챙기느라 챙겼심니더."
　"그래 식전 새벽부터 욕봤데이."
　전에 같으면
　- 아닙니더. 형님이 미리 다 준비해 놨습니더. 지는 한 게 없습니더.-
　이렇게 하던 말이 어느 때부터인가 마음에서 내키지 않아 입을 다물었다.

"예! 어무님."

그러한 분주함에도 불구하고 큰 엄마는 보이지 않는다. 그리 많지는 않지만, 엄마 혼자서 모든 것을 챙기느라 허리가 무척이나 아팠다. 가까스로 허리를 펴고 아픈 허리를 오른손으로 톡! 톡! 톡! 친다.

"휴-우."

그때야 비로소 금방 잠에서 깨어난 듯 긴 하품 소리와 함께 들려오는 거친 목소리.

"니! 다 준비 됐노?"

"예! 형님."

그래도 할머니는 큰엄마에게 큰소리 한번 하지 못하고 오히려 눈치 보는 것은 여전했다. 기껏해야.

"석호 애미야! 시사준비 잘하고 늦지 않도록 하거래이."

라고 하는 정도다. 그럴 때마다 큰엄마는 한마디도 지지 않고 늘 말대꾸를 한다.

"어무님! 그런 걱정하지 마이소. 오데 하루 이틀 하는교?"

큰엄마는 다시 한번 사팔뜨기 눈동자를 이리저리 굴리며 엄마를 쳐다본다. 그때, 큰아버지의 작은 음성이 들린다.

"임자. 준비 다 됐소?"

큰 엄마는 대답 대신 부엌문을 쾅! 하고 닫으며 들어간다.

"참말로 성질머리하고는……."

큰아버지는 지게에 시제에 사용할 음식을 정성스럽게 얹는다. 이미 앞산 아래는 군데군데 서리가 내려 초겨울의 추위를 능가한다.

"제수씨! 수고 많았심더. 댕겨오겠심더."

큰아버지는 하얀 한복에 위에는 흰 두루마기를 걸치고 지게를 지고 마당을 나선다.

"예, 아주버니! 잘 댕겨오시소."

늘 산더미 같은 일에 파묻혀 눈코 뜰 새 없이 바빴으나 오늘은 조금 한가하다. 남의 집에 품 팔러 가지 않아도 되기 때문이다. 늘 힘들어하는 엄마를 보고 큰아버지와 할머니가 하루쯤은 쉬라고 했기 때문이다.

그런데 무슨 심사가 뒤틀렸는지 큰 엄마는 아침을 먹은 이후로 꼼짝도 하지 않는다. 엄마는 앞마당을 다 쓸고 뒤꼍 마구간을 지나려고 할 때 제법 어른 소가 된 암소가 음~ 무~ 우~ 하며 엄마를 반긴다. 바쁘다는 핑계로 쇠죽이나 여물만 주고 돌아섰던 엄마다. 소에게 미안한 마음이 들었다. 엄마는 발길을 멈추고 소에게 다가가 머리를 쓰다듬는다.

"초롱아! 니도 참 외롭겠구나!"

초롱이는 송아지 때 엄마가 붙여준 이름이다. 새카만 두 눈망울이 초롱초롱해서 붙여준 것이다. 그러나 소가 어느 정도 자라자 초롱이란 이름이 왠지 잘 어울리지 않는 듯하다.

"초롱아! 힘들고 외롭고 슬프도 잘 먹고 씩씩하게 잘 자라야 한데이."

초롱이는 알아들었다는 듯이 다시 한번 음무~우하며 엄마의 손등을 긴 혓바닥으로 쓰윽쓰윽 핥는다.

"그래그래 그래야지. 그나저나 니도 언젠가는 내 곁을 떠나겠지?"

생각이 여기에 미치자 쌓였던 설움이 또다시 파도처럼 밀려온다.

"으! 흑! 흑! 흑! 초롱아! 내는 우짜면 좋노?"

한낱 미물에 지나지 않는 초롱이도 알아들었는지 왕방울만한 두 눈을 껌뻑껌뻑한다. 엄마는 다시 초롱의 목을 끌어안고 두 어깨를 심하게 들썩인다.

"으! 흑! 흑! … 니는 내 마음 아노? 흐! 흐! 흑! 흑! 하긴 니가 우예 알겠노?"

그때, 큰 엄마 방에서 뒤꼍으로 나 있는 뒷 방문이 홱 하고 열리며 천둥벼락 치는 듯한 소리가 들린다.

"이 가스나! 누가 죽기라도 했나? 와 아침 식전부터 자빠져 우노?"

그 순간, 처량하고 힘없이 들썩이던 엄마의 두 어깨가 본능적으로 멈춘다. 큰엄마는 다시 방문을 '쾅'하고 닫으면서 한마디 한다.

"가스나! 집 나간 사람 재수 없게."

그렇게 시간은 무심하게 흐르고 또 흐른다.

쌔~ 애~ 애~ 앵~ 쌩 쌔~ 앵~

예리한 칼날보다도 더 날카로운 북풍이 몰아치는 엄동설한, 먹어도 배고프고, 입어도 춥고 또 추웠다. 초저녁에 잠시 따뜻하던 아랫목도 새벽녘이 오기 전에, 이미 냉골로 변해 금방이라도 얼어 죽을 것만 같았다. 일본징용으로 끌려간 아버지는 감감무소식이다. 가장 안타깝고 궁금한 사람은 물론 엄마와 할머니다. 칼날 같은 바람을 맞아가며 쇠죽을 끓여주고 장작개비 몇 개로 군불을 지핀 후 엄마는 방으로 들어온다. 쇠죽 끓이기 전에 미리 깔아놓은 이불 속으로 갈라지고 얼어 터진 장작개비 같은 손을 밀어 넣는다. 시집오기 전 그 곱디고운 얼굴과 갸느린 두 손은 일 년이 채 되기도 전에 온데간데없다.

이제는 익숙해진 골방,

그래도 이 골방만이 지치고 힘든 육신을 아무 말 없이 받아 주는 것이 서럽기도 하지만 한편으로는 무척 고맙다. 칼날로 도려내는 듯한 칼바람은 쉬지 않고 문풍지를 때리며 지나간다.

언 손이 녹는 듯 하자 손끝 마디마디마다 아린 듯 아픈 듯 그야말로 무엇으로 형용할 수조차 없게 쓰라려 온다.

"으~ 으~ 으~"

참을 수 없는 고통에 가느다란 신음소리를 내며 억지로 참고 있을 때 방문을 두드리는 소리와 함께 할머니의 음성이 들린다.

"새아가! 있노?"

잠시 몽롱했던 엄마는 짐짓 정신을 차린다.

"예, 어무님! 들어오시소."

할머니는 수심이 가득한 얼굴을 하고 조용히 다가와 엄마 옆에 앉으며 긴 긴 한숨을 내뱉는다.

"무심한 놈! 야는 우예 그리 소식 한번 없노?"

그 소리에 엄마는 목이 메며 가슴이 울컥해 온다. 그러나 오늘만큼은 참으며 시어머니인 할머니를 오히려 위로하고 싶었다. 그동안 아버지가 보내온 편지나 돈에 대하여는 일체 말 하지 않았다. 그러니 큰엄마가 할머니한테 말할 리는 더더욱 없었다.

"어무님! 너무 크게 심려 마시소. 무소식이 희소식이라 안합니꺼?"

"그래 그리 생각해 주니 참말로 고맙데이. 새아가 니를 봐서라도 우예든동 살아 돌아 할 낀데……."

"어무님! 반드시 살아 오실겁니더."

"하모, 그래야지."

할머니는 엄마를 그윽한 눈으로 쳐다보며 장작개비 같은 두 손을 이리저리 쓰다듬는다.

"우야노? 그 곱디고운 손이……. 쯧쯧 불쌍한 것."

"아닙니더. 어무님! 지는 괜찮습니더."

"……"

할머니는 잠시 동안 천정만 쳐다보며 긴 한숨만 내쉴 뿐 아무 말이 없다. 엄마도 잠깐 아무 말이 없다가 무엇인가 큰 결심을 한 듯 무겁게 입을 연다.

"어무님! 그동안 무척 고마웠습니더. 늘 건강하시고 오래오래 사셔야 합니더."

그리고는 자리에서 일어나 정성을 다해 다소곳이 큰절을 올린다. 할머니가 깜짝 놀라며 엄마의 손을 잡아당긴다.

"야가 무슨 말을 하노? 어데 멀리 집 떠나는 사람처럼……."

할머니는 천천히 일어선다.

"잘 자거라. 군불 따시게 때고……."

엄마도 일어서면 가볍게 고개를 숙인다.

"어무님도 편히 쉬시소."

엄마는 다시 혼자가 됐다. 아니 늘 혼자다. 힘들었던 하루를 생각하며 피식 웃는다. 늘 남의 집 길쌈 품을 팔든가 조금이라도 시간이 나면 새끼를 꼬거나 가마니를 짠다. 그러다 보니 많은 식구의 빨래가 수북수북 쌓인다. 그래도 큰엄마는 손가락 하나 까딱하지 않는다. 이 모든 것이 엄마의 몫이다.

오늘도 오전에는 손이 부르트도록 빨래를 했다. 산기슭에서 내려오는 개울물은 꽁꽁 얼었다.

　엄마는 빨랫방망이로 두꺼운 얼음을 깨고 빨래를 했다. 무척이나 추운 탓에 동네 아낙들이 단 한 명도 보이지 않는다. 코끝은 떨어져 나가는 것 같았고 귓불은 부어오를 때로 부어올랐다.

　두어 번 방망이질하고는 다시 손을 호! 호! 분다. 그나마 지탱할 수 있게 해 주는 것은 삶아온 빨래에 잠시 손을 녹일 수 있기 때문이다. 눈물은 하염없이 흘러내린다. 빨래가 거의 다 끝나갈 때쯤이면 온몸은 뻣뻣이 굳어버리고 감각조차 없다. 그리고는 집에 와서 저녁도 해야 하고 쇠죽도 끓이고 집 안 구석구석을 살핀 뒤에야 비로소 방으로 들어온다. 엄마는 다시 한번 천정을 바라보며 피식하며 헛웃음을 짓는다. 그러나 눈에서는 닭똥보다도 더 굵은 눈물이 볼을 타고 하염없이 흘러내린다.

　엄마는 아무 기척도 없이 방문을 열고 부엌으로 향한다. 그리고는 깨진 사발 그릇에 놓인 하얀 덩어리로 된 무엇인가를 찾아서 익숙하고 날렵한 동작으로 방으로 가지고 들어온다. 양잿물이다.

　예로부터 찌던 때를 없애기 위해서는 잿물을 만들어 사용했다. 짚이나 콩깍지 또는 메밀대 등을 완전히 태워서 그 재를 짚을 간 시루 안에 넣고 뜨거운 물을 부어 우려낸 물이다. 이 물에 빨래를 넣고 삶은 후 냇가에 가서 빨래 방망이질을 하면 신기하리만큼 찌든 때가 말끔히 빠진다. 동네 사람들 대부분이 이것으로 빨래를 한다. 여유가 좀 있는 사람들은 장이 서는 날 읍내에 가서 잿물 대신 양잿물을 사 와서 사용한다.

　"아지매, 장에 가는 길에 우리 것도 좀 사다 주이소."

　"알았네."

　양잿물은 하얀 고체 덩어리로써 서양에서 들어 왔다고 해서 양잿물이라 한다. 집게를 이용해 깡통에서 꺼내 망치나 정으로 손가락 정도 굵기로 쪼개서 팔면 사람들은 그것을 짚으로 묶어서 가지고 온다. 이것을 빨래 삶을 때 잿물 대신 사용한다. 양잿물은 맹독 극물이라 함부로 손으로 잡을 수가 없어서 집게를 이용할 수밖에 없다.

힘들고 가난했던 시절에 그 고통을 이기지 못해 많은 사람이 양잿물을 마시고 이 세상과 영영 이별을 고하는 사람들이 참으로 많았다. 아무리 시집온 지 얼마 안 되는 엄마지만 이러한 소문은 들어서 익히 잘 알고 있다.

엄마는 들고 들어온 양잿물을 작은 앉은뱅이 소반 위에 하얀 한지를 깔고 정성스레 올려놓는다. 그리고는 가장 깨끗한 하얀 소복으로 갈아입는다. 소반을 동쪽 방향 그러니까 일본 쪽을 향해 가지런히 놓고 일어서서 두 손을 모으고 지그시 눈을 감는다. 그러자 잊힐만하면 큰엄마가 하던 말이 생각났다.

'가스나! 니 서방 기다리지 말거라. 버얼써 죽었는 갑다.'

그러나 큰엄마의 이 말은 거짓말이라는 것을 엄마는 잘 안다. 엄마 앞으로 보내온 돈과 편지를 중간에서 가로챈 것을 보면 안다. 큰엄마는 집배원에게 몇 푼 집어주고는 직접 자신에게 전달해 달라고 한 것이다. 가끔 보내오던 돈과 편지의 횟수가 점점 더 늘어났다. 큰엄마는 이 사실을 시어머니인 할머니는 물론, 남편 되는 큰아버지도 모르게 했다.

엄마는 일전에 아버지로부터 받은 편지를 보고 가끔은 돈과 편지가 오는 것으로 생각했지만 물증이 없다. 집배원에게 물어봐도 없다고 했다. 이미 큰 엄마가 손을 썼기 때문이다. 엄마의 두 눈에서는 닭똥 같은 눈물만 하염없이 흘러내린다. 그러나 전혀 울먹이지는 않는다.
 "서방님! 왜 이리도 무심하시나요?. 일전에 제가 보내드린 글은 받으셨는지도 모르겠고, 생사조차 전혀 알 길이 없으니…."
 그리고는 방문을 연다. 그러자 방안의 모든 것을 한꺼번에 집어삼킬 듯이 요란한 쇳소리와 함께 칼날을 실은 엄동설한의 북풍한설이 소용돌이를 치며 종지만 한 방안 구석구석을 도려내듯 흙벽을 때리며 지나간다.
 쑈~ 애애-앵
 여느 때 같으면 -으흡-하며 몸을 움츠리며 얼굴에 달려드는 모진 바람과 맞서 오만상을 찡그렸지만, 오늘은 그러한 모습을 전혀 찾아볼 수 없다. 의연하고 태연하다. 엄마는 열린 방문을 향해 큰 절을 올린다.
 "서방님 이 못한 저를 용서해 주세요. 살아 계신다면 제가 현해탄을 건너가 만날 것이고 이미, 이승을 하직하셨다면 저승에서 만날 수 있겠지요. 저의 변함없는 연모의 정은 저승에서라도 나눌 수 있도록 받아 주실 수 있겠지요?. 서방님과 함께 그리 오래 함께하지는 못했지만, 부부의 연을 맺게 되어서 참으로 행복했습니다."
 엄마는 다시 서쪽 벽면을 향해 정성을 다해 두 손을 모은다.
 "숙부님 그리고 숙모님! 이 불효 여식을 용서해 주세요. 조실부모한 저희 삼 남매 친자식 이상으로 거두어 주시고 길러주신 은혜 저승에 가서라도 잊지 않겠습니다. 부디 건강하시고 오래오래 천수를 누리시길 두 손 모아 기도 올립니다."

엄마는 그때야 비로소 터진 샘물처럼 흘러나오는 눈물과 함께 숨죽여 흐느낀다.
"으~흑! 흑!……. 으! 흑! 흑."
그리고 온 마음과 온 정성을 다해 큰절을 올린다. 엄마의 두 눈에서는 또다시 서러움의 눈물이 양 볼을 타고 주르르 흐른다. 이제 한스러운 이 세상과 마지막이라 생각하니 미련도 없고 오히려 마음이 평온해진다. 그러나 질기고 모진 목숨은 그리 쉽게 끊어지지 않았다.
야심한 밤에 할머니가 소피를 보러 나왔다가 엄마의 방문이 활짝 열려 있는 것을 보고 닫아 주러 왔다가 거품을 물고 쓰러져 있는 엄마를 발견한 것이다.
"새아가! 야야, 니 이게 무슨 짓이고?"
할머니는 다급히 엄마를 흔들어 본다. 아직 온기도 남아 있고 숨소리도 미미하게 들린다.
"서, 석호 애비야! 퍼뜩 와 보거라."
큰아버지는 할머니의 다급한 음성에 방문을 박차고 나온다.
"와요? 어무이요."
"야가! 시방 숨을 안 쉰데이. 퍼뜩 업고 침쟁이 기욱이 아버지한테로 가보거래이."
큰아버지도 사태가 심각하다는 것을 알았다. 본능적으로 엄마를 둘러업고 살갗을 파고드는 한파를 헤치고 쏜살같이 어둠을 갈랐다. 그 덕택에 엄마는 가까스로 목숨을 구할 수 있었다.
"힘들지만 산 사람은 살아야 안 되겠노?"
그 와중에도 큰엄마의 욕설은 여전했다.
"이 문디 가스나, 와 그때 안 죽었노?"

엄마의 자살 소동이 있고 난 뒤, 많은 변화가 생겼다. 엄마 혼자지만 그래도 분가하는 동기가 된다.

"새아가 쪼매만 더 참거래이. 설 지나모, 우예든동 분가해 줄끼다."

할머니는 이러다가는 사람 잡겠다고 생각했는지 내후년에 분가시키려고 한 계획을 설 명절이 지나가자 곧바로 분가를 시켰다. 물론 분가라 해봐야 한동네에 있는 콧구멍만 한 곁방살이다. 살림살이라고는 이불 한 채에 작은 소반 하나, 솥단지 하나, 숟가락 두 벌에 밥사발 두벌, 간장 종지 몇 개가 전부다. 엄마가 시집올 때 가지고 온 예물인 은가락지, 은수저 등은 큰엄마에게서 하나도 돌려받지 못했다, 아니 서슬이 시퍼런 큰엄마에게 감히 돌려달라고 할 엄두도 못 낸다. 그래도 마음은 편할 줄 알았다. 그러나 그것은 엄마만의 생각이었다.

아침밥 하는 것을 제외하고는 늘 큰집에서 일했다. 남의 집 품을 팔아도 큰엄마가 삯을 대신 받아갔다. 봄이 되면서 보리나 밀 이삭을 줍거나 들이나 산나물을 뜯어말려서 아침밥 대용으로 끓여 먹곤 했다. 심지어 막 물이 오르는 소나무 껍질을 벗겨 짓찧어 먹기도 했다.

이렇게 한 해 두 해가 지나자 엄마도 요령이 생겼고 품삯도 큰엄마와 다투며 종종 챙기곤 한다. 그러는 사이 큰집의 살림은 자꾸만 불어난다. 특별히 돈을 버는 것도 아닌데 집도 크게 새로 짓고 해마다 논밭을 사들인다. 이때쯤 시동생인 작은아버지가 함석골 색시와 혼인을 맺었고 그 이듬해에는 막내 작은아버지도 뱃가마을 처자와 혼인을 맺는다. 혼인을 맺기 전까지 삼촌들도 죽으라고 일을 했지만 독사 같은 형수에게 끼니때마다 겨우 죽 한 그릇

얻어먹는 것이 전부였다. 엄마는 손아래 동서들이 들어와서 조금은 편해질 줄 알았다. 그러나 두 동서 또한 상상을 훨씬 뛰어넘었다.

"어무님! 지는 저런 형님 밑에서는 단 하루도 못삽니다. 분가해 주이소."

결국, 시집온 지 석 달 만에 분가해 나갔고 막내 작은 엄마도 개차반인 성질 탓에 할머니가 고개를 절레절레 흔든다. 아니 오히려 큰엄마가 할머니인 시어머니에게 사정할 정도였다.

"어무님! 저 막내 가스나, 하루빨리 내보내 버리소."

두 작은아버지는 혼인하자마자 모두 곧바로 분가했다. 작은아버지들은 큰집에 와서 일을 도왔으나 두 작은 엄마는 코끝도 내밀지 않는다. 모든 일은 엄마 몫이다. 몸이 부서지고 등골이 휘어지도록 일하는 사이에 또 몇 년이 흘렀고 일본의 야욕은 무너지고 패망함으로써 급기야 해방을 맞이한다.

6

1945년 8월 15일,

연합군에게 일본 천황인 히로히토가 무조건 항복이라는 뉴스가 전국 방방곡곡으로 울려 퍼진 것이다.

"대한 독립 만세다. 만세!"

"아지매요. 일본놈들이 쫓겨 간답니더."

어른, 아이, 아녀자, 남정네 할 것 없이 모두가 밖으로 뛰어나와 얼싸안고 춤을 춘다. 일본은 연합군의 조건 없는 항복 권유를 무시하고 오히려 샌프란시스코에 준원자 폭탄 투하 작전을 세우고 있었다.

그러나 미국이 1945년 8월 7일 히로시마에 원자폭탄을 투하 함으로써 10만 명이 넘게 즉사한다. 그래도 일본이 항복하지 않자, 사흘 후 다시 나가사키에다 원자폭탄을 투하해 3만5천 명 이상을 즉사시킨다. 그제야 일본은 조건 없는 항복을 한 것이다.

용광로의 쇳물을 내리퍼붓는 듯한 삼복더위 밭에서 일하던 엄마와 몇몇 사람들은 누가 먼저라 할 것도 없이 서로 얼싸안는다. 그리고는 덩실덩실 춤을 추기도 하고 또 어떤 이는 그 자리에 털썩 주저앉아 앙~앙! 울기도 한다. 엄마도 예외는 아니다.

"엉! 엉! 엉! 인자, 우리는 살았데이."
"이게 꿈 아이가? 한번 꼬잡아 보거래이."
"아닙니더. 참말입니더. 참말로 왜놈들이 물러가고 있습니더."
"살다가 보이 우째, 이런 일이 다 오노?"
"하늘에서 불이 내려와 천벌 받았다고 합니더."

해방될 즈음에 큰집은 어느새 아주 큰 부자는 아니지만 그래도 형편이 아주 괜찮아졌다. 어떻게 돈을 모아서 땅을 샀는지 큰엄마의 수완은 대단했다. 늘 남의 집 일만 하다가 어느 순간부터는 큰집 일하기도 바빴다. 동네 일꾼들이 오히려 큰 집으로 가끔 품팔러 온다. 덕택에 큰 집은 쌀밥을 먹었고, 엄마도 적어도 보리밥으로 끼니를 챙길 수 있었다,

오늘도 큰집 밭에서 동내 품꾼들과 함께 일을 하다가 해방을 맞이했다. 이곳저곳에서 터져 나오는 만세 소리와 기뻐서 어쩔 줄을

모르는 온 동네 사람들은 곡괭이, 삽, 호미, 쟁기, 들 모든 것을 내팽개치고 마을 안으로 안으로 모여든다.

그때, 누군가의 입에서 분노에 찬 날카로운 음성이 들린다.

"여러분! 그동안 왜놈들에게 빌붙어 빌어먹던 놈들 찾아서 모두 잡아 쳐 쥑입시더."

그러자 여기저기서 우렁찬 함성이 한꺼번에 터져 나온다.

"와! 옳소. 먼저 종수 애비부터 쳐 죽입시더."

"그랍시더. 퍼뜩 종수네 집으로 갑시더."

모두가 한 덩어리가 된 마을 사람들은 분노가 극에 달한 상태로 종수네 집으로 우르르 몰려간다. 원래 종수네는 이 마을 배미기 사람이 아니다. 떠돌이로 이리저리 떠돌던 종수 아버지가 종수가 다섯 살 되던 해 이 마을로 오게 되었고 마을 사람들이 종수를 가엾게 여겼다, 처음으로 인간다운 대접을 받게 된 종수 아버지가 이곳에 눌러앉은 것이다. 그러나 손버릇이 나빴던 종수 아버지가 마을 물건에 손을 대면서 밉상을 받게 되었다. 그러자 오히려 앙심을 품고 왜놈들 앞잡이가 된다. 더러 큰엄마 같은 못된 사람들이 있어서 동네가 조금 시끄럽기는 했지만, 종수네가 오고부터는 살벌하기 그지없었다. 왜놈을 등에 업은 종수 아버지를 내칠 수도 없었다.

그동안 종수 아버지가 한 만행은 이루 말할 수가 없다. 마을 청년들을 잡아다가 강제로 징용을 보내는가 하면 아직 채 피어보지도 못한 어린 소녀들을 강제로 위안부로 보내는 역할을 톡톡히 했다. 그뿐만 아니라 자신의 눈에 거슬리면 아무 죄책감 없이 어디론가 끌고 가 죽이곤 했다. 종수네 집은 번득한 기와집이다. 왜놈들이 손수 지어준 집이다.

"와~아, 쳐 죽이자."

마을 청, 장년들이 한걸음에 달려간다. 종수네 집 앞에 다다르자. 어느새 눈치를 챈 종수 아버지와 종수가 뒷문으로 빠져나가 뒷산을 향해 저만치 달아나고 있다. 누군가의 입에서 섬뜩한 소리가 들린다.

"저놈이 달아난다. 쳐 죽이자."

"그랍시더. 퍼뜩 잡읍시더."

그 와중에 누군가는 종수네 집에 불을 지른다. 마을 사람들은 마치 전국 구석구석에서 기생해 빌붙어서 떵떵거리며 잘 살던 친일 족속들의 최후를 보여주는 듯 훨훨 잘도 타오른다. 불타는 종수네 기와집을 뒤로 한 채 다시 종수 아버지의 뒤를 쫓는다. 종수 아버지와 종수는 사태의 심각성을 느끼고 옷이 찢어지고 가시덤불에 얼굴이 할퀴고 가죽 신발이 벗겨져도 전혀 감각을 느끼지 못하고 달리고 또 내달린다. 그러나 마음만큼 빠르지가 못했다. 얼마 가지 못해서 성난 마을 사람들에게 잡히고 만다.

"하! 하! 하! 종수 아베! 니놈이 그리 많은 악행을 저지르고도 무사할 줄 알았나?"

"나쁜 짓인 줄 알긴 아나 보제? 그리 바뻬 도망치는 걸 보이."

종수 아버지와 종수는 하루아침에 오뉴월 삼복더위에 금방이라도 나무에 목이 달릴 처량한 신세로 변한 개처럼 무릎을 꿇고 머리를 처박은 채 바지에는 오줌을 지린 듯 흥건히 젖어 있고 온몸은 사시나무 떨듯 덜덜덜 떨고 있다.

"여, 여보게들, 하, 한 번만 살, 살려 주시게."

"그렇게 못된 짓을 하고도 살고는 싶은가베."

"정······. 정말 내가 잘······ 잘못했네. 내 이렇게 비네. 제발."

종수 아버지의 얼굴은 흙빛으로 변한 채 손이 발이 되도록 빌고 또 빈다. 그러나 이미 극에 달한 마을 사람들의 분노를 잠재울 수는 없었다.
 "시끄럽데이. 니놈이 잡아간 동네 딸애들과 청년들은 우짤 낀데……."
 종수 아버지와 종수는 더욱 고개를 땅바닥에 처박으며 울부짖는다.
 "숙이 아버지 정말. 제가 자, 잘못했습니다. 죽을 죄를 졌습니다. 한… 한 번만 요 용서 해 주……."
 말이 채 끝나기도 전에 퍽 하는 소리와 함께 종수 아버지는 저만치 뒤로 나뒹군다. 순간, 윽! 하는 신음소리와 함께 입에서는 멀건 붉은 팥죽 같은 것이 꾸역꾸역 흘러나온다.
 "죽을죄를 지었으모, 죽어야제! 와, 용서를 비노?"
 화가 머리끝까지 난 숙이 아버지가 종수 아버지의 턱을 향해 온 힘으로 냅다 발길질을 날린 것이다.
 그것을 계기로 이곳저곳에서 와 하는 소리와 동시에
 "쥑이뿝시더."
 "죽여라."
 "사, 살…… 려…… 주, 주……."
 퍽! 푹!
 "아! 아! 악!"
 순간 붉은 선혈이 허공을 향해 분수처럼 솟아오른다. 허연 내장이 꾸물꾸물 기어 나온다. 이것으로 종수 아버지는 생을 마감한다. 죽창으로 난자당한 종수 아버지의 몰골은 말이 아니었다. 종수는 아버지가 처참하게 죽어 가는 것을 옆에서 지켜보면서 서서히 다

엄마의 아리랑

가오는 죽음의 그림자를 느낄 수 있었다. 온몸은 자신이 배설한 똥오줌으로 질펀하게 젖었다. 누군가의 입에서 또다시 무시무시한 지옥의 아수라 같은 음성이 들린다.

"흐! 흐! 흐! 종수 저놈도 없애 버립시더."

"그립시다. 아주 씨를 없앴시더."

종수는 무릎을 꿇고 머리를 처박은 채로 엉금엉금 기어오며 엉엉 울부짖는다.

"살, 살려 주세요."

"시끄럽다 고마. 니도 니 애비 처참하게 죽는 꼴을 두 눈으로 똑똑히 봤제?"

"엉! 엉! 아저씨. 엉! 어~ 엉……. 제. 제 제발요?"

"니도 니 애비 따라 가거래이."

누군가가 죽창을 들어 종수를 향해 내 꽂을 찰라, 상배 아버지가 급히 말린다.

"여보게, 그만하게. 종수가 무슨 그리 큰 죄가 있겠노?"

그러자 옆에서 지켜보던 창수 아저씨는 죽창을 거두며 불만을 터뜨린다.

"아제요. 그동안 종수 아부지한테 당한 일을 생각하모 삼족을 몰살시켜도 분이 안 풀립니더."

"누가 그걸 모르겠나! 그렇다고 종수까지 죽인다고 뭐가 달라지노? 분은 풀릴지 모르지만……."

"저놈 아를 그냥 두면 나중에 틀림없이 후회할 겁니더."

상배 아버지는 창수 아저씨의 말에도 아랑곳없이 주위를 빙 한 번 둘러본다.

"모두들 우쨰면 좋겠습니꺼? 의견들을 말해 보이소."

그러나 서로들 눈치만 볼뿐 아무런 말들이 없다. 사실 종수 아버지 만행에 치가 떨려 분을 못 이겨 죽창으로 찔러 죽였지만 사실 무서웠다. 서로들 말은 하지 않았지만, 눈앞에 종수 아버지가 처참하게 죽어 있는 모습에 마을 사람들은 내심 공포감으로 휩싸인 상태다. 모두가 웅성웅성 거릴 뿐 아무런 말이 없자.

"그라모 모든 분의 뜻이 그런 줄 알고 종수는 살려 줍시더."

마을 사람들은 상배 아버지의 말에 수긍한다는 듯이 꼬나 들고 있던 죽창이나 낫 등을 슬며시 내려놓는다. 다만 창수 아저씨만 못마땅한 듯 씩씩거린다.

"종수야! 니, 그만 이 마을에서 퍼뜩 떠나거래이."

종수는 그제야 살았다는 표정을 지으며 살며시 고개를 쳐든다.

"퍼뜩 가거래이."

창수 아저씨는 살쾡이 같은 살벌한 눈으로 날카롭게 째려본다.

"너, 이 시간 이후로 내 눈에 띠모 니 애비보다 더 험한 꼴을 볼 끼다."

그리고는 다시 주위를 쭈~욱 둘러본다.

"여러분들! 자 그라모 덕수네 집으로 갑시더. 가서 본때를 보여줘야 합니더."

"그래 맞데이. 덕수도 왜놈에게 빌붙어서 온갖 나쁜 짓 오죽 많이 했노? 가제이."

"모두 그리로 갑시더."

"가자 가서 친일 한 놈들은 모두 처단 합시더."

마을 사람들은 와~아~ 하는 함성과 함께 종수를 뒤로 한 채 마을 뒷산을 우르르 달려 내려간다.

종수는 살았다는 안도의 한숨도 잠시 자신의 앞에 처참하게 죽어 있는 아버지를 보자 조금 전과는 달리 참았던 분노가 극에 달했다. 동시에 눈가에는 그 누구도 상상키 어려운 살기가 두 눈이 시뻘겋게 충혈되며 금방이라도 눈알이 튀어나올 것만 같다.

그 후 동네 사람들은 악독하게 친일에 앞장섰던 덕수를 죽이고 그의 가족 모두는 마을에서 내쫓았다. 또한, 소문에 의하면 악질 중의 악질로 친일 행각을 하던 조문국도 동네 사람들에게 끌려가 돌로 맞아 죽었다는 소문이 들린다.

7

해방 후

강제로 징용으로 끌려간 사람들이 일본 정부나 군에 의해 조직된 귀환선을 통해서 조선으로 돌아왔다. 그러나 이 과정은 혼란스러웠고, 안전하지 않은 상황 속에서 진행된 경우도 많았다. 그러자 귀환이 지체되거나 돌아오는 과정에서 어려움을 겪은 사람도 있었다. 귀환선을 통해 부산항구로 들어와 각각 사랑하는 가족 품으로 안긴다는 소식이 이곳 작은 시골 마을에도 전해졌다.

엄마도 크게 내색은 안 했지만, 아버지의 생환을 눈이 빠지게 기다렸지만 죽었는지 살았는지 돌아오기는커녕 통 소식조차 없다. 농사일로 아무리 피곤하고 힘들어도 밤마다 잠자리에 일찍 들지 못하고 작은 소반 위에 정한 수 한 사발 떠놓고 빌고 또 빈다.

"비나이다. 비나이다. 천지신명님께 비나이다. 무슨 일이 있더라도 우리 서방님 꼭 살아 돌아오게 해 주소서. 비나이다. 비나이다. 동해 용왕님께 비나이다. 서방님 오실때에 광풍 같은 풍랑 잠 잠하게 해 주옵고. 우예든동, 서방님 꼭 살아 돌아오게 굽어살펴 주옵소서."

그러나 엄마의 간절한 기도에도 아랑곳없이 아버지의 소식은 들려오질 않는다. 조카뻘 되는 수호도 징용 끌려간 지 7년만인 나이 스물여섯 되어야 돌아왔다. 그뿐만 아니라 강제로 끌려갔던 이웃 동네 사람들도 하나둘씩 돌아온다는 소식이 들려온다. 엄마는 애간장이 타들어 간다. 물론 할머니와 큰아버지 그리고 고모들과 작은아버지들도 예외는 아니다. 다만 큰엄마와 두 명의 작은 엄마들은 큰 관심이 없는 듯하다. 아니 오히려 살아 돌아오지 않았으면 하는 눈치다. 특히나 큰엄마는 더…….

일 년이 지나고 다시 반년이 더 지나간다. 들리는 소식에 의하면 지금까지 돌아오지 않은 사람들은 생사가 불분명할뿐더러 대부분 죽었다는 것이다.

"휴~ .새아가, 니, 불쌍해서 우야노?"

"으! 으! 흑! 흑! 어무님요. 지는 이제 우예 삽니꺼?"

아들 둔 죄로 할머니는 먼 허공만 바라본다.

"이제 와서 우야겠노? 내 미안타. 그때 안 보내는 긴데……."

말은 그렇게 하지만 그 상황이 다시 와도 아버지는 큰아버지 대신 갈 수밖에 없음을 엄마는 잘 안다. 그러나 지금은 오로지 할머니만 원망할 뿐이다. 엄마는 할머니의 손을 끌어당기며 원망스러운 음성으로 울부짖는다.

"어무님! 왜, 하필 서방님입니꺼? 왜, 왜. 왜여? 왜, 흐! 흑,"

할머니는 아무 말 없이 두 손을 더욱 힘주어 잡으며 눈물만 뚝!

뚝! 뚝! 흘릴 뿐이다.

"새아가, 우예노? 내가 죄가 많데이……."

그러는 사이 다시 반년의 시간이 흘렀다. 그제야 엄마는 모든 것을 포기하고 농사일에만 전념한다. 큰엄마는 엄마의 마음과는 달리 늘 싱글벙글거리며 더욱 고달프게 시집살이를 시킨다.

그러던 어느 날

시골의 가을걷이가 끝나고 11월로 막 접어들 때쯤이었다. 서리가 내리기 시작하면서 찬바람은 문풍지 사이로 거칠게 지나간다. 엄마는 저녁을 물리고는 희미하게 타오르던 호롱불을 입으로 후~ 하고 불어서 끈다. 아무도 없는 컴컴하고 좁은 공간에 가지런히 몸을 누인다. 홀로 아닌 혼자로 청상과부로 살아온 지도 어언 10여 년 익숙할 만도 하지만 오늘따라 무척이나 더 서럽고 더 외로웠다. 어느덧 베갯잇이 홍건히 젖어 있다. 그러나 어쩌랴. 운명인 것을……. 엄마는 아랫목이 차츰차츰 따뜻해 오자, 스르르 잠이 든다.

뿌! 우~ 우~ 웅!

저 멀리 수평선 너머에서 들려오는 연락선의 뱃고동 소리! 작은 점처럼 보이던 연락선은 미끄러지듯 항구를 향해 서서히 다가온다. 하얀 소복을 입고 두 손을 모으고 빌고 또 빌고 있던 많은 여인이 웅성거리기 시작한다. 저마다 눈가에는 눈물이 그렁그렁 고여 있다. 엄마도 예외는 아니다. 다른 것이 있다면 여인들과는 달리 오직 엄마만 오색으로 수 놓인 비단으로 된 한복을 곱게 차려 입고 있다는 점이다. 배가 항구에 다다르자, 많은 남자들이 우르르 밀려 나온다. 징용으로 강제로 끌려갔던 사람들이다. 여인들은 남자들에게 다가가 서로 얼싸안고 한동안 울고는 조용히 그곳을 빠져나간다. 어느새 그 많던 사람들은 저마다 짝을 찾아 다 빠져나가고 엄마 혼자만 덩그러니 혼자 남아 있다. 엄마의 눈에서는 또다시 왈칵 눈물이 쏟아진다. 그러나 흘릴 눈물조차 메말랐는지 두 눈이 뻑뻑하기만 하다.

"서, 서방님! 참으로 무심합니더. 흑! 흑."

그때,

똑! 똑! 똑!

"여보! 나왔소. 안에 있소?"

순간 엄마는 반사적으로 벌떡 몸을 일으킨다. 조금 전까지 꿈을 꾸고 있었던 것이다. 엄마의 가슴은 한참을 달려온 것처럼 쿵! 쿵! 쿵! 뛰며 온몸은 감전이나 된 듯 찌르르해 온다. 엄마는 거의 반사적으로 옷매무새를 매만지더니 머리 위 비녀 쪽을 다소곳하게 추스른다.

"누, 누구십니꺼?"

"나요. 쿨룩~ 내 목소리를 벌써 잊었소?"

그럴리가? 오매불망 기다리고 기다리다 새카맣게 타 숯이 되어 버리게 한 그 목소리를 수백 년이 지나도 어찌 꿈엔들 잊을 수 있겠는가? 엄마는 호롱불을 밝히는 것도 잊은 채 방문을 왈칵 열고 맨발로 뛰어나간다.

"서, 서방님?"

달리 무슨 할 말이 없다. 그냥 와락 안기는 것 외에는 달리 할 것이 없다. 그리고는 얼굴을 넓은 가슴에 묻고 흐느낀다. 오랫동안 보지 못한 세월에 왜소하긴 했지만 믿음직스러운 지아비로 만들어 놓았다. 엄마는 아버지 품에서 가녀린 어깨를 들썩이며 숨죽여 흐느낀다.

"흐! 흑! 흑! 서방님! 이게 꿈입니꺼, 생시입니꺼?"

아버지는 가늘게 떨고 있는 엄마의 어깨를 토닥거린다.

"꿈이라니요. 쿨룩! 생시요. 그라고 참말로 미안하오. 너무 늦게야 돌아와서……."

그제야 엄마는 아버지의 얼굴을 빤히 올려다본다. 물론 눈에서는 눈물이 방울방울 흘러내린다. 그러나 이번에 흘리는 눈물은 여느 때와 다른 기쁨의 눈물, 환희의 눈물, 행복의 눈물, 안도의 눈물, 사랑의 눈물이다.

"자, 자, 쿨룩쿨룩 밖이 찹니더. 방으로 들어갑시더."

엄마는 아버지와 함께 방안으로 들어온다. 그리고는 호롱불을 밝힌다. 희미한 불빛에 비치는 아버지의 모습이 생각보다는 그리 왜소해 보이지 않는다. 다만 한동안 깎지 못한 덥수룩한 수염 때문에 검은 얼굴이 더욱 시커멓게 변해 있다. 아버지는 방안을 한 번 빙 둘러보고는 아랫목에 손을 넣어 본다.

"쿨룩! 방이 냉골이잖소."

"……."

엄마는 아무 말이 없다.

"그동안 나 때문에 고생 많았소. 쿨룩! 인자부터 고생시키지 않겠소. 쿨룩!"

그러면서 고생으로 인해 장작개비로 변한 엄마의 두 손을 꼭 잡는다.

"서, 서방님. 지가 무슨 고상을 했겠습니꺼? 서방님이야말로 이 국만리 타국에서 왜놈들 등쌀에 얼마 고생이 심하셨습니꺼?"

"고맙심더. 쿨룩! 10년 동안이나 참고 기다려 줘서."

엄마의 말이 이어진다.

"아참, 큰집에 가서 어무님께 인사부터 하셔야지요?"

아버지는 빙그레 웃는다.

"댕겨 왔소. 거길 갔다 왔기에 당신이 이곳에 사는 줄을 알지 않았겠소. 쿨룩쿨룩! 어무이도 함께 오신다는 것을 내가 말렸소. 밤도 깊고 해서……."

그리고는 다시 한번 방안을 둘러본다. 세간살이라고는 아무것도 없다.

"아니, 우예 집 한 칸은 고사하고 살림살이 하나 없소?"

엄마는 한 손으로 흐르는 눈물을 쓰-윽 훔치며 조금더 다가앉는다.

"서방님! 와 자꾸 기침을 합니꺼? 어디 건강이 안좋으십니꺼?"

아버지는 손사래를 친다.

"쿨룩~ 고뿔이 걸린 것이 바람이 차서 그런지 조금 오래 가네."

"빨리 나으셔야지요. 이리 아래로 내려 오시소."

"나야 괜찮소. 당신만 건강하면……."

사실 이때 아버지는 진한 진폐증을 앓고 있었다. 일본 탄광에서 장기간 막장일을 하면서 석탄가루(규사)를 들이마신 것이 주원인이 되었다. 이것이 점점 만성폐쇄성폐질환으로 발전하게 되었고 사망에 이르는 직접적인 원인이 된다.

잠시 흐르던 침묵을 깨는 원망 어린 엄마의 음성이 들린다.

"그보다 우예 한 번도 연락을 안하셨습니꺼? 지 편지는 받아 봤습니꺼?"

"하모요. 읽어 봤소. 그라고 편지 한 번도 안 했다는 말이 무슨 말이오?"

엄마는 그제야 아버지가 잡고 있던 손을 스르르 빼다.

"아니, 그라모 편지를 하셨단 말입니꺼?"

조금 전까지와는 달리 이제는 아버지가 깜짝 놀라는 표정을 짓는다.

"아니 이게 무슨 말이오? 그라모 내 편지를 못 받았단 말이오?"

엄마도 뭔가 이상하게 돌아가고 있음을 느낀다.

"예. 서방님! 지가 가끔씩 서방님께 편지를 썼지만 지는 단 한 번도 서방님 소식을 못 들었십니더."

"아니 이럴 수가? 두세 달에 한 번씩은 꼬박꼬박 돈과 함께 부쳤는데 못 받아 보았다니 이게 말이 되오?"

그제야 엄마는 큰 엄마의 소행임을 확신한다. 온몸의 피가 거구로 흐르는 듯한 심한 분노를 느낀다. 급기야는 그 불똥이 아버지를 향한다.

"서방님께서 큰 집 앞으로 돈과 편지를 부친 것이 아닙니꺼?"

"뭔 소리를 하는 거요? 내는 당신 편지 받은 후부터는 당신에게 직접 보냈소."

엄마의 얼굴에 파르르 경련이 일어난다. 무슨 일인가 알 것 같다. 큰 돈벌이는 없으면서도 새로 집을 짓고 해마다 논밭을 사들였던 큰집이다. 찢어지게 가난했던 큰집이 아버지가 징용으로 끌려가 있는 동안 집안 형편이 나아지기 시작했다. 이 모든 것이 우연이 아닐뿐더러 게을렀던 큰엄마가 알뜰살뜰 모아서 재산을 불렸을 리도 만무다. 큰아버지 혼자서 남의 집 일을 하면서 또는 때때로 머슴살이를 하면서 받아오는 새경으로는 대가족인 열 식구가 죽을 먹기에도 힘들었다. 엄마의 품삯을 가로채 가는 바람에 그나마 겨우겨우 죽이라도 먹으며 연명해가는 큰집이 해마다 재산을 늘려간다는 것은 도저히 이해가 되지 않았었다. 아버지의 말을 듣고 나서야 비로소 엄마는 이 모든 것을 알 수가 있었다.

그동안 수단과 방법을 가리지 않고 아버지가 송금해오는 모든 돈을 중간에서 가로챘다는 것을…….

"서방님 아무리 큰집 형님이지만 이대로 있을 수는 없습니더."

아버지도 기가 찬 듯 천장 한번 바라보고 바닥 한번 쳐다보고는 길게 한숨만 내 쉴 뿐이다.

"휴~우."

"내일 날이 밝으모 당장 찾아 갈 낍니더."

"찾아가서 우짤 낀데…….”

"서방님이 목숨 걸고 벌어 온 돈을 되 찾아와야 안됩니꺼?"

아버지는 또다시 방바닥이 꺼지라 탄식을 하며 고개를 절레절레 흔든다.

"쿨룩쿨룩~벌써 다 써버린 것을 우째 달라카겠소?"

엄마는 아버지 앞으로 조금 더 바짝 다가앉는다.

"무신 말씀을 그리 합니꺼? 집문서 땅문서라도 달라 캐야지요."

"그만둡시다."

"그만두다니요?"

"아, 형님 성격에 어디 큰집 혼자만 잘 먹고 잘살겠소?"

"서방님도 아시다시피 어데 형님 마음이 아주버님의 마음하고 같습니꺼?"

"그래도 그렇지 지금 와서 우예 내놓으라고 하겠소? 그라고 큰집이 좀 더 잘 살면 형님도 가만히 안 있을 거요. 우리 동상들을 못 살게 그냥 내버려야 두겠소?"

엄마는 무슨 말을 하려다가 그만둔다. 꿈에라도 잊지 못했던 아버지를 만났는데 더는 마음 아프게 하고 싶지가 않았다.

"아무튼, 서방님! 살아 돌아오셔서 참말로 고맙습니다."

"내 보다는 당신이 한 고생을 생각하모 휴~ 쿨룩~ 우예 말로 다 할 수 있겠소."

엄마는 아버지의 품으로 살며시 파고들며 안긴다.

"지야 뭐! 서방님의 고상에 비하면 고상이라 할 수 없십니다."

두 사람은 조금 전과는 달리 정에 굶주린 애틋한 대화로 이어진다. 도란도란 이어지는 대화 속에서 간간히 흘러나오는 웃음소리는 엄마가 시집온 이후로 처음으로 웃어보는 웃음이다. 깊은 밤까지 이어지는 다정스러운 두 사람의 대화에 희미하게 주위를 밝히던 호롱불도 시샘하는 듯 흐느적흐느적하다가 마침내 팟! 하는 소리와 함께 스르르 자취를 감춘다.

그로부터 일 년 후, 큰형이 태어났고 엄마 아버지의 기쁨은 이루 말로 다 할 수 없었다. 그러나 생활은 나아지지 않았다. 아버지가 일본서 벌어온 많은 돈으로 큰집은 잘 먹고 잘살고 있지만, 엄마 아버지는 하루하루를 힘들게 산다. 나중에 이 사실은 안 큰아버지와 할머니는 엄마 아버지를 볼 때마다 미안해서 어쩔 줄 몰라했지만, 억세고 억센 큰엄마 때문에 어찌해볼 엄두조차 못 냈다.

아버지는 일 년 정도 엄마와 같이 살며 버티다가 이래서는 모두 굶어 죽겠다는 생각이 들었다.

"쿨룩~ 여보! 당신이 너무 고생이 많소."

"어데 지만 고생 합니까?"

아버지는 아무것도 모른 채 천진난만한 얼굴로 쌔근거리며 자고 있는 이제 겨우 돌 지난 큰형을 내려다보며 무겁게 입을 연다.

"쿨룩~ 그래서 말인데…….”

"무슨 하실 말 있습니꺼?"

아버지는 힘겹게 고개를 끄덕인다.

"내 한 삼 년만 탄광에서 일하고 오겠소."

엄마는 청천벽력 같은 말에 소스라치게 놀라 하마터면 심장이 멈출 뻔했다.

"서, 서방님 지금 무슨 말씀을 하, 하시는 겁니꺼? 농담도 그런 농담 마시소."

아버지는 엄마의 두 손을 꼭 잡으며 입술을 지그시 깨문다.

"내 참말로 미안 합니다. 쿨룩~ 그러나 우짜겠소."

"아, 안됩니더. 저, 절대로 아 안됩니더. 또 지를 얼마나 생과부 만들라캅니꺼. 그라고 몸도 성하지 않은데…….”

그러나 아버지는 이미 결심이 선 듯하다.

"그때는 기약도 없이 강제로 끌려갔지만, 지금은 우리 세 식구를 먹여 살리려고 또 잘살아 볼라꼬 간다, 아이입니꺼? 그러니 쪼매만 더 참고 기다려 주시오. 당신한테는 참말로 미안 합니다. 쿨룩~"

엄마는 어깨를 들썩이는가 싶더니 기어이 울음을 터뜨린다.

"으! 흑! 흑! 서, 서방님. 지 혼자 우째 살라꼬요?"

"이게 다 우리가 잘살라고 하는 거 아니겠소?"

"서, 서방님. 으! 흑! 흑! 흑!"

엄마의 아리랑　175

아버지는 한 손으로는 엄마의 등을 토닥거리고 다른 한 손으로는 붉어진 눈시울을 쓰~윽 훔친다.

'조금만 참아 주구려! 반드시 당신을 호강시켜 드리리다.'

이때까지만 해도 엄마와 아버지는 진폐증의 무서움을 잘 모르고 있었다.

아버지는 하늘만 빠꼼이 보인다는 첩첩산중으로 둘러싸인 강원도 정선 탄광촌으로 길을 떠났다. 달콤한 신접살림 재미도 겨우 일 년 남짓, 또다시 엄마는 과부 아닌 과부 신세가 된다. 엄마는 늘 일개미처럼 일만 한다. 그래도 아버지가 돌아온 후로는 큰엄마의 구박이 덜하다. 아니 아버지가 돌아온 탓도 있지만 시집온 지도 어언 10년이 넘은 엄마가 가끔 큰엄마에게 대들자, 욕하는 횟수가 줄어든 것이다. 아버지는 탄광에서 막장을 드나들며 하루에도 수십 번씩 죽을 고비를 넘기면서 악착같이 돈을 모은다. 엄마에게 편지는 부쳐줄 망정 돈은 송금하지 않았다. 큰엄마의 횡포를 알고 있기 때문이다. 물론 엄마도 돈은 절대 부치지 말라고 신신 당부했다. 아버지에게서 편지가 올 때마다 처음 몇 번은 큰엄마가 낚아챘다. 그러나 편지글 외에는 아무것도 들어 있지 않자 무관심해진다.

힘들고 먹을 것이 없어도 큰형은 큰 잔병치레 없이 무럭무럭 잘 자란다. 아버지가 탄광에서 광부로 일을 한 지도 어느덧 2년이 흘렀다. 물론 그 사이사이에 설과 추석 명절에는 엄마에게 다녀가곤 했다.

"쿨룩~ 쪼매만 더 참아 주이소. 우리가 잘살 날도 이제 얼마 남지 않았소. 쿨룩쿨룩~"

"그란데 우예 기침은 떨어지지는 않고 날로 더 심합니꺼."
"까짓것 쿨룩~ 고뿔이 버티면 언제까지 버틸 수 있겠소. 쿨룩 쿨룩~"
"우예든동, 서방님! 몸조심하셔야 합니다."
"쿨룩~ 알겠소. 걱정하지 마오. 당신이나 건강 잘 챙기시길 바라오."
"으! 흐! 흑!"

헤어질 때는 늘 울음바다가 된다. 아버지는 엄마에게 다녀갈 때마다 그동안 모아둔 돈을 꼬박꼬박 갖다 준다. 엄마는 목숨보다 귀한 피 같은 돈을 땅을 파고 항아리에 묻어 둔다. 큰엄마는 잘살면서도 치근덕거린다.

"니, 서방 돈 좀 안 가지고 왔더노?"
"어휴~ 형님! 돈이 다 뭡니꺼? 성호 아버지 혼자 몸 건사하기도 어렵답니다."
"그라모 뭐하러 갔노? 여서 농사나 짓지. 지랄한다고 가노? 여서도 할 일이 천지뻬깔인데……."

한동안 회상에 잠겨있던 엄마는 군불을 지피던 작은형의 말에 짐짓 정신을 차린다.

"어무이, 군불 다 지폈습니더. 그란데 무신 생각을 그리 합니꺼?"

엄마는 두 눈에 맺힌 이슬방울을 훔치며 입을 연다.

"아이다. 강호야. 수고 했데이. 고마 들어가자."
"야! 어무이."

헌시

시집살이

가마솥
콩죽 끓는 소리는
숨죽여 우는
엄마의 울음소리 였고

엄동설한
매서운 추위보다
더 매운 시집살이

엄마는
참는 법을
먼저 배워야 했다

제 4 회
첫 설

  비록 군불은 지폈지만, 문풍지를 뚫고 쌩쌩 불어대는 칼날 같은 바람은 온몸 구석구석을 후비고 파고든다.
  아버지의 설날 첫 차례는 그렇게 어설프게 지나갔다. 그 많던 사람도 마지막 아버지 차례 때에는 큰아버지와 작은아버지 두 분과 나머지 대여섯 명에 불과했다. 엄마는 이날 이후로 더 자주 아버지 빈소 앞에서 흐느끼곤 했다. 아마도 지아비 없는 설움이 더 큰 한이 되었나보다 그때마다 엄마는 한 서린 아리랑을 섧게 섧게 부르면서 우리 몰래 피를 토해내곤 한다. 그뿐만 아니라 설날 새벽부터 정월 대보름 새벽까지는 단 한 번도 거르지 않고 장독대에서 정한 수 떠놓고 빌고 또 빌었다.
  "성호 아부지! 우예든동 저 어린 자슥들 잘 되게 그저 굽어 굽어살펴 주이소. 무엇보다도 그저 아비 없는 자슥 소리 안 듣게 똑바로 자라게 해 주이소."
  큰형과 둘째 형은 다시 직장으로 돌아갔다. 집에 남은 나와 어린 동생 미란이와 진호, 그리고 엄마는 눈 쌓인 한겨울에는 특별히 할 일이 없다. 그렇다고 그냥 앉아 있다가는 굶어 죽기 십상이다. 어쨌든 이 험난한 보릿고개를 넘겨야 한다. 아버지가 있을 때는 장래 쌀을 먹어도 봄에 남의 집 머슴살이로 장래 빚을 갚을 수 있었기에 장래 쌀을 얻어올 수 있었지만, 아버지가 세상을 떠난 지금은 아무도 주지 않으려 했다. 큰형과 작은형이 벌어서 갚는다고 해도 '어린 것들이 뭘' 하는 눈초리로 아무로 믿어 주질 않는다. 그러다 보니 아버지가 남기고 간 빚이 줄어들기는커녕 오히려 더 늘어나고 있었다. 그럴 때마다 엄마는 큰집이 원망스러웠다. 아니, 먼저 세상을 떠난 아버지가 그렇게 미울 수가 없다.

"니 큰집이 누구 때문에 저리 잘 사는데······."

엄마가 이런 말을 할 때마다 큰형은 어른스러운 말로 엄마를 위로하곤 했다.

"어무이. 지가 열심히 일해서 그 이상 벌어 올 겁니더. 그러니 너무 속상해하지 마시소. 어무이가 속상해하시면 아부지는 또 얼마나 속상하시겠습니꺼?"

엄마는 속이 썩어 문드러지는 것을 억지로 참으며 힘겹게 고개를 끄덕인다.

"알겠데이. 내 마음이 이런데 니 아부지 마음은 어떻겠노? 내다 안다. 성호야. 니 마음도 알고, 니 아버지 마음도 안데이. 이 에미가 미안하데이."

큰형은 엄마의 두 손을 꼭 잡는다.

"어무이."

엄마의 두 손에도 힘이 들어간다. 어느 날 엄마는 가마니틀을 들여왔다. 어린 나는 굶어서 배고픈 것도 싫지만 일하는 것도 싫었다. 그러나 그것은 나와 동생들에게 씌어진 멍에와도 같았다. 틈이 나는 대로 엄마와 나는 가마니를 짰고 미란이는 고사리 같은 손이 갈라져서 피가 나올 정도까지 새끼를 꼰다.

"엄마야. 오늘도 또 불뚝 국수야?"

미란이의 말에 엄마는 어깨를 토닥거린다.

"니 불뚝 국수도 못 먹는 집이 얼마나 많은지 아노?"

"치~ 그래도 싫다. 내는."

"쪼매만 참거래이."

"엄마야는 와 맨날맨날 쪼매만, 쪼매만 하는데?"

사실, 나 역시 밀가루 껍질로 만든 불뚝 국수 먹기가 죽기보다 싫다. 가끔 돼지 할머니가 갖다 주는 하얀 밀가루로 만든 국수를 먹을 때는 그 맛이 세상을 다 얻은 것 같은 기분이다. 오늘따라 엄마의 축 처진 어깨를 보는 순간, 어리지만 참 측은한 마음이 들었다. 몇 살 더 먹은 나는 미란이를 나무랐다.

"미란아! 엄마가 쪼매만 참으라 안 카나?"

"우예 참노? 오빠야는 참을 수 있나?"

"니 참말로 한 대 맞고 싶노?"

손을 들어 꿀밤을 주려는 찰라. 엄마의 긴 한 숨소리가 들린다.

"명호야! 그만하거래이. 이 엄마가 느그덜한테 참말로 미안 하데이."

엄마는 지푸라기를 가지고 놀고 있는 진호에게 눈길을 준다.

"아이고, 내 새끼!"

"어마, 아맘마야!"

진호는 팔을 벌린 엄마 품으로 재빠르게 파고든다. 엄마가 무슨 결심을 한 듯 빙그레 웃는다

"그라모, 오늘은 하얀 떡국 먹재이."

순간, 미란이도 엄마 품으로 와락 달려든다.

"참말이가?"

엄마의 아리랑

"그럼, 참말이고 말고."

"아이 좋아라."

나도 슬쩍 끼어들었다.

"그리 좋노?"

"그라모 오빠야는 안 좋나?"

"히! 히! 내도 좋다. 무지 좋데이."

"하! 하! 하!"

"호! 호! 호!"

섣달 그믐날에 이웃에서 들어온 가래떡을 가늘게 썰어 말려서 정초에 오가는 손님들에게 끓여주고 얼마 남지 않은 떡을 오늘은 엄마가 크게 한턱낸 덕분에 우리들은 배가 터지도록 배불리 먹을 수 있었다.

그렇게 어렵고 힘들다는 보릿고개를 넘기고 누렇게 익은 보리를 수확하는 6월이 되었다. 그러나 우리 집은 수확할 보리나 밀이 없다. 지난해 엄마와 큰형 그리고 작은형과 죽으라 개간한 돌산인 석암산 자갈밭에서는 밀이나 보리가 자랄 리가 만무하다. 엄마는 일찌감치 고추를 심었고 자갈밭 주위로는 호박을 심었다. 그리고 다시 멸치나 미역, 명태 등 건어물 장사를 시작했기에 자갈밭의 풀을 매는 일이나 호박순을 따주는 일은 고스란히 내 몫이다.

"명호야! 오늘 핵교 끝나모 밭에 가서 고추하고 호박잎 좀 따 오거래이."

"어무이! 하늘이 시커먼데. 꼭 비 올 것 같데이. 오늘은 안 가면 안 되나?"

"그거라도 있어야 밥 먹을 거 아이가?"

엄마의 말은 곧 법이다. 아버지가 세상을 떠난 후부터는 엄격하기가 한층 더했다. 정말 싫다. 어린 나로서는 두 개의 작은 산 고개를 넘어서 고추나 호박잎을 따오는 것이 죽기보다 싫었다. 자갈밭에 다녀오다 미끄러지고 넘어지고 엎어진 것이 한두 번이 아니다. 그래도 해야만 한다.

어느덧 사흘 후면 아버지가 세상을 떠난 지 꼭 일 년 되는 날이다. 즉 빈소를 털어버리는 날이다. 엄마는 이삼일 전부터 하시던 장사를 멈추고 분주히 움직인다. 어젯밤 늦게 큰형과 작은형도 각각 휴가를 내서 왔다.

"어무이, 쪼매지만 이 돈으로 빈소를 넵시더."

큰형의 말이 끝나자마자 작은형의 말이 이어진다.

"어무이, 지도 쪼매 아주 쪼매 보탭니더."

엄마는 큰형과 작은형 앞으로 바짝 다가가 손을 잡더니 기어이 어깨를 들썩인다.

"흑! 흑! 흑! 참말로 느그덜한테 미안타. 특히나 강호 니는 돈 한 푼 안 받고 죽으라 일만 할 낀데, 그 돈이 어디서 이리 많이 났노?"

"버스 안 타고 점심값 조금씩 애꼈심더."

"참말로 이 에미가 미안하데이. 흐! 으! 으!흑! 흑!"

"어무이 그런 말씀 마이소, 지는 틀림없이 돈 많이 벌깁니더. 그래서 꼭 어무이 호강시켜드리겠심더."

엄마는 한 손으로는 주루루~루~ 흐르는 눈물은 훔치며 다른 한 손으로는 둘째 형의 볼을 쓰다듬는다.

"그래 참말로 고맙데이. 하모, 고맙고말고. 참말로 내 자슥들은 잘 살아야 된데이."

"야! 어무이. 걱정하지 마시소."

엄마의 아리랑 183

엄마는 옆에서 조용히 눈물을 흘리고 있는 큰형에게 고개를 돌린다.

"성호야! 니가 참 고생이 많데이. 정말 미안 하데이. 내 니 아부지를 대신해서 용서를 비마."

순간 성호형이 흐르는 눈물을 닦으며 움찟! 놀란다.

"어무이, 무슨 말씀을 그리 하십니꺼? 용서라니요? 택도 없는 말씀 마이소. 다 지들이 못난 탓에 아부지가 저래 먼저 가시고 참말로 어무이가 고생 많십더 용서해 주이소."

엄마는 고개를 가볍게 끄덕인다.

"우예든동, 너그 형제들은 우애있게 지내야 한데이. 그래야 느그 아부지도 저 하늘에서 도울 끼다."

"어무이. 걱정 마시소."

다음날이 되자 큰형은 새벽같이 일어나 읍내 나갈 채비를 한다.

"명호야! 이 형아 따라 장에 갈 끼가?"

마침 일요일이다. 나는 앞뒤 가릴 것 없이 얼른 대답했다. 정말로 얼마 만에 큰형과 함께 해보는 나들이인가?

"응! 형아야."

"그라모 퍼뜩 경운기에 타거래이."

큰형이 휴가를 냈기에 술도가에서 경운기를 가져올 수 없었지만, 사정을 안 술도가 주인이 허락한 것이다.

"형아야! 오늘 경운기 타고 장에 가나?"

"우리 명호, 미란도 태우고 갈 거구마."

"야호! 신난데이. 우리 형아 최고데이. 최고."

"그래 좋노?"

"하모."

"그라모 옷 단디 입고 나오거래이. 미란이도 옷 단디 입고."
"응~ 오빠야!"
미란이는 대답이 끝나자마자 어느새 탔는지 경운기 뒷좌석 한쪽에 자리를 잡고 앉아 있다.
"큰오빠야가 최고다."
큰형은 우리를 보고 흐뭇한 표정으로 빙그레 웃는다.
"어무이요. 지들 댕겨오겠심더."
엄마는 부엌에서 물기 젖은 손을 행주로 닦으며 큰형을 닦달한다.
"그래! 조심해서 댕겨 오너래이. 해 넘기지 말고……."
"알겠심더. 어무이."
그리고는 엔진을 돌려 시동을 걸기 시작한다.
-시우~ 시우~ 피우~ 피우, 피~ 우웅, 피이~시~시식--
걸릴 듯 걸릴 듯하다가 다시 꺼진다. 우리는 경운기 뒤에 타서 큰형에게 약을 올린다.
"형아야! 시동도 하나 못거나? 빨리 좀 해봐라."
큰형은 피식 웃고는 다시 힘껏 엔진을 돌려 시동을 건다.
그러기를 몇 번
-시우-시우 --피우-피우- 피피피픽! 피이~잉, 핑~핑 쿠당당~ 쿠당당~ 쿠당~ 쿠당~ 쿠앙쿠앙 쾅쾅쾅--
마침내 요란한 소리를 내며 시동이 걸린다. 큰형의 이마에는 어느새 구슬 같은 땀방울이 송골송골 맺혔다.
큰형이 처음에는 양조장에서 자전거로 배달하다가 어느 날부터는 경운기로 배달을 했다. 그때 처음으로 잠깐 경운기를 타보고 이번이 두 번째다. 우리는 신나게 읍내를 향해 달렸다 유월의 늦봄 바람이 시원하게 불어온다.
 처음 가보는 읍내시장 구경에 눈이 돌아갈 지경이다. 세상의 모든 사람은 다 모인듯하다.
 나는 미란이의 손을 꼭 잡고 큰형 뒤를 졸졸 따랐다. 시장을 보느라 한참을 따라 다니다 보니 배에서 쫄! 쫄! 도랑물 흐르는 소리가 난다.
 "배고프제?"
 "응! 형아야. 배고프다."
 "우리 점심밥 묵제이."
 나와 미란이는 태어나 난생처음으로 국밥이라는 것을 먹어 봤다.
 "아~ 맛있다."
 "맛있노?"
 미란이도 정신없이 먹다가 큰형을 빤히 쳐다본다.
 "맛있다. 오빠야, 이 맛있는 고기 국밥 매일매일 먹었으면 좋겠데이."
 "쪼매만 기다리거래이. 이 오빠야가 돈 많이 벌어서 매일매일 사 줄끼다."
 "참말이가?"
 "하모, 참말이제."
 "이야! 신난데이. 우리 오빠야가 최고다."
 그러고 보니 큰형은 먹지 않고 우리가 먹는 것을 흐뭇한 표정으로 바라만 보고 있다.
 "형아야! 형아는 와 안 먹노?"
 "형아는 배 안 고프다. 느그들이나 많이 묵어래이."

"참말로 배 안 고프나?"

형은 대답 대신 빙그레 웃는다. 우리는 정말로 큰형이 배가 고프지 않은 줄 알았다. 철이 없던 우리는 우리 배만 채우기에 급급했다.

털~ 털~ 털~ 털

해가 뉘엿뉘엿할 즈음에, 탈상제에 쓸 것을 준비하고 형은 우리를 경운기에 태우고 꼬불꼬불한 시골길에 흙먼지를 날리며 집으로 돌아오고 있었다.

"좋나?"

"좋다. 형아야!"

"우리 미란이는 어땠노?"

"오빠야가 최고다."

동네 아주머니들 네댓 명이 모여 탈상 제사에 사용할 음식 준비에 여념이 없다. 큰집 큰엄마나 작은집 작은 엄마들은 온종일 코빼기도 보이지 않는다. 동네 아주머니들이 돌아가며 한마디씩 한다.

"집안이 많으면 뭐하노? 우예 저래 코빼기도 안 뵈노?"

"내 말이 그 말 아이가? 피땀 흘려 도와주면 뭐하노? 아무 소용 없는 기라."

"일본 가서 벌어온 돈도 그 못된 큰 동서가 다 뺏어갔다고 하던데, 에구 칠성 아제만 불쌍하지."

"작은 동서들 둘은 또 어떻고?"

"하모, 큰 동서 보다 더 못됐다카데, 그 짝 집구석은 우예 천하에 못된 년들만 며느리로 들어 왔노?"

"명호 어무이가 그런데서 우예 버티고 살았는지. 쯧! 쯧!. 내 같으면 벌써 한바탕하고 나왔을 낀데….”
"명호 어무이가 착해도 착해도 너무 착해서 안그렇나.”
동네 아주머니들이 우리 집안을 싸잡아 험담하는 말이다. 아무리 떨어진 동네지만 우리 집안 내력을 이미 알 사람은 다 아는 듯하다.
다음날, 드디어 1년 상기(喪期)가 끝나 상복을 벗는 탈상제를 지내는 날이다. 큰아버지와 작은아버지들 그리고 집안 어른들이 아침 일찍이 건너왔다. 나는 무엇보다도 아침저녁으로 상식 올리는 일을 하지 않아도 된다는 사실이 무척이나 기뻤다.
제주(祭主)인 큰형의 분향 후 강신제를 시작으로 탈상제가 시작되었다. 잠시 후 큰아버지가 축문을 읽은 후 모두 꿇어앉아 곡(哭)을 한다. 그 후에도 여러 번의 복잡한 절차를 거친 다음 탈상제가 끝났다. 그러나 이게 다가 아니었다.
어른들은 제사 음식을 잠시 음복하고는 곧바로 아버지 산소가 있는 선산으로 향했다.
큰형은 양조장 경운기에 엄마. 미란이, 진호 그리고 나를 태운 후 산소에서 지낼 제사 음식과 아버지의 유품을 싣고 먼저 출발한 집안 어른들의 뒤를 따랐다. 물론 작은형도 집안 어른들과 함께 먼저 떠난 후였다. 엄마는 탈상제를 지내는 동안 눈물을 훔쳤을 뿐만 아니라 아버지 산소로 가는 내내 어깨를 들썩이며 흐느낀다.
"흑! 흑! 흑! 서, 성호 아부지. 이제 참 참말로 떠나는 겁니꺼? 뭐라 마, 말 좀 해, 보이소. 으! 흐! 흐! 흑!”
산소에 도착한 후 다시 한번 제를 지내고 아버지 유품을 비롯해 엄마와 큰형이 입던 상복 두어 벌을 태울 때 엄마의 한 맺힌 슬픔은 극에 달했다. 그러나 엄마는 아버지의 유품 중 일본에서 보내

온 편지와 정선 탄광에서 간간이 주고받던 편지를 고이 묶어 놓은 작은 보따리는 가져오지 않았다. 그것마저 태우고 나면 아버지를 완전히 잊을 것 같아서 두려웠던 것이다.

"으! 흐! 흐! 흐! 성호 아부지요. 차, 참말로 가시는 겁니꺼? 참으로 무심도 하십니더. 으! 흑! 흑! 흑!"

큰형과 작은형도 엄마를 양쪽에서 부축하며 참았던 설움을 한꺼번에 쏟아낸다.

"아, 아부지! 아부지요. 이제 어무이와 우, 우리는 흑! 흑! 우 으! 흐! 흑! 우예 합니꺼? 으! 흐! 흐! 흑!"

"아부지. 엉~ 어~~ 엉~ 엉! 엉!"

"아 부 지~~. 으! 으! 엉! 엉! 엉! 엉!"

모두 울음바다가 됐다. 큰아버지와 작은아버지 두 분도 훨훨 타오르는 불길을 보며 슬픔을 삼키고 있다.

"자, 자~알 가게. 도, 동상! 으! 흑! 흑! 그동안~~ 미안했고, 고상 많았네. 으! 으! 흑!"

"혀, 형님~ 잘 가소. 으! 으! 흑!"

우리는 아버지를 그렇게 어렵게 어렵게 보냈다. 엄마는 여전히 타오르는 불길을 바라보며 한없이 한을 토해내고 있었다. 비록 크게 소리는 내지 않았지만….

아리랑 아리랑 아라리요.
아리랑 고개고개로
나를 넘겨주소.

　누~우 이~이 올라나 비가 올라나 장마가 질라나
앞 남산에 먹장구름 모여모여 든다.
싸리골 올동박이 다 떠내려간다.
떨어진 동박이는 낙엽에나 싸이지.
사시장철 님 그리워 나는 못 살겠네.

하~안 마~느은 이 세상 야속한 님아,
정을 두고 몸만 가니 눈물이 난다.
아무렴 그렇지 그렇고 말고,
한 오백 년 살자는데 웬 성화요.

　처~어 추~우에춘에 짓밟힌 애끓는 사랑
남은 반생을 어느 곳에 다 뜻 붙일꼬.
아무렴 그렇지 그렇고 말고,
한 오~오 배~엔 년 살자는데 웬 성화요.

헌시

아픈 첫설

첫 설에
소복소복
쌓이는
첫눈

아버지 없는
빈집에

문풍지를
뚫고
파고 드는
삭풍

장독에 내린
밀가루 보다
더 하얀
순백의 눈송이

엄마는
웃고 있지만

타는 속은
해울음을
토해 내고 있다

* 해울음: 겉으로 드러내지 못하고 마음속에서 울음을 삭이며 흐느끼다.

제 5 회
6.25

아버지가 정선 탄광 막장에서 광부로 일한 지 2년쯤 되었을 때 선전포고도 없이 북한 괴뢰군인 김일성은 막강한 화력을 앞세우고 대한민국 남한을 침공한다. 시골은 농번기로 눈코 뜰 새 없이 바쁜 시기였지만 전쟁 발발3일 만에 전쟁 소식을 들은 마을 사람들 대부분은 저마다 짐을 싸서 남으로 남으로 피난길에 오른다.

"빨리 가자 카이."

그러나 엄마는 아버지의 생사도 모른 채 떠날 수가 없었다.

"저 혼자 못갑니더. 먼저들 가이소."

"내도 성호 에미와 여기 있을란다."

할머니의 말이다.

"어무님, 안됩니더. 퍼뜩 함께 떠나시소."

엄마의 만류에도 불구하고 할머니는 손사래를 친다.

"어데. 내 자슥이 죽었는지 살았는지 모르는데 우째 내만 살겠다고 가겠노?"

"그라모 마음대로 하시소. 죽든 살든……."

큰엄마는 야멸차게 휙 돌아선다.

"석호 아부지! 우리끼리 갑시더."

큰아버지는 잡아끄는 큰엄마의 손을 뿌리친다.

"갈려면 혼자 가소. 내도 어무와 함께 동상 기다릴 테니……."

"내도, 형님 기다릴 깁니더."

"지도요."

"흥! 마음대로들 하소."

콧방귀를 뀌며 큰 엄마와 작은 엄마 둘은 사촌 형들을 데리고 피난길에 오른다.

"쯧! 쯧! 쯧! 참으로 못된 것들, 날이 가도 자들은 우예 하나도 안 바뀌노."

할머니, 큰아버지 작은아버지 둘 그리고 엄마와 갓난아기인 큰형은 뒷산 동굴로 찾아든다.

그러나 시간이 지나도 아버지의 모습은 나타나지 않는다. 전쟁터에서 죽었는지 살았는지 생사조차 모르는 엄마의 가슴은 타고 타서 숯덩이가 된다. 3일 만에 수도 서울을 침탈한 북괴군은 맥아더 장군이 이끄는 인천 상륙 작전에 의해 북한 괴뢰군은 우리 국군과 유엔 연합군에 연패당하며 다시 북으로 쫓겨 가게 된다. 피난 갔던 사람들도 하나둘씩 돌아왔다. 그 후 금방 끝날 것 같았던 전쟁은 밀리고 밀리는 치열한 공방으로 이어지면서 지루하게 이어졌다. 전쟁이 발생 한지도 반년이 훨씬 더 지났다. 그러나 아버지는 감감무소식이다. 누구보다도 엄마의 걱정은 태산 같았다. 아침저녁으로는 빌고 또 빌었다.

엄마의 지극정성이 통했는지 아버지는 전쟁 터진 지 열 달이 지난 뒤에야 돌아왔다. 밤에 빨갱이 북한 괴뢰군들의 눈을 피해 집 안으로 들어온 아버지는 마침 양식을 가지러 내려온 막내 작은아버지와 마주치게 된다.

"쿨룩쿠울룩~ 동상 아닌가?"

"앗, 아니. 혀, 형님?"

"쉿!"

긴박하고 심각한 순간임을 안 두 사람은 잠시 끌어안고는 아무 말이 없다. 눈물만 하염없이 흘러내린다. 강원도 첩첩산중에서 초근목피로 연명하며 숱하게 죽을 고비를 넘기면서 **빨갱이 괴뢰군**들을 피해 걷고 또 걸어서 고향마을까지 온 것이다.

쿠콰-쾅! 탕탕탕~!

"동무들! 날래날래 샅샅이 뒤져 보라우."

"옛! 대장 동무."

빨갱이들은 이곳저곳을 쥐 잡듯이 뒤졌다. 그러나 찢어지게 가난한 집에서 뭐 하나 나올 것이 없다. 그러나 먹을 것만 찾는 것은 아닌 듯싶다.

"대장 동무! 아무것도 없습네다."

마당 한가운데 버티고 섰던 황토색 군복을 입은 빨갱이가 엄마를 노려보며 쇳소리보다 더한 목소리로 다그친다.

"여성 동무! 정말 이러기요? 남성 동무는 어디메 숨겨 났음메?"

"숨기다니, 무슨 말인교?"

"이 갓나 동무! 조국 인민의 해방을 위해 영광스럽게 목숨을 바칠 기회를 저버리겠다, 이 말이지?"

엄마는 순간적으로 다급함을 느꼈다. 거짓말로 둘러댔다.

"지 남편은 조국 인민해방을 위해 인민군에 지원해 갔심더."

순간 황토색 군복의 빨갱이 괴뢰군의 눈빛이 다소 누그러지는가 싶더니 입가에 썩은 미소를 짓는다.

"호! 호! 호! 그 말이 정말이오?"

"와, 지가 거짓말 하겠심니꺼?"

"좋소. 그 말이 정말인지는 잠시 후면 알 거요."

그리고는 옆에 서 있는 다른 빨갱이에게 냅다 소리를 지른다.

"동무! 이 여성 동무도 날래 데려가라우."

"알겠습네다. 대장 동무!"

엄마는 무엇인가 잘못 되어가고 있다는 것을 짐작할 수 있었다.

"날래, 따라 오라우."

"싫습니더. 할 말 있으모 여서 하이소."

"이 년이, 잔말 말고 따라오라우. 쌍~."

말을 채 끝내기도 전에 따발총 개머리판으로 엄마의 등을 후려 친다.

퍽!

"으~윽."

가슴이 탁 막혀 숨을 제대로 쉴 수가 없다. 빨갱이 괴뢰군은 엄마의 심한 고통의 몸부림에도 아랑곳없이 어디론가 질~ 질~ 질~ 끌고 간다.

1950년 6월 25일 일요일 새벽 4시.

6.25 전쟁 전 북한 괴뢰군은 38선에서 국지전으로 국군과 소규모 충돌을 일으키며 호시탐탐 기회를 엿보다가 드디어 모두가 고요히 잠든 틈을 타서 북한 괴뢰군 김일성은 소련제 전차(T-34) 250여 대와 각종 무기를 앞세워 기습 남침을 감행한다. 파죽지세로 밀고 내려온 괴뢰군은 3일 만에 서울을 짓밟고 남으로 남으로

진군해갔다. 우리 국군이 목숨을 걸고 싸웠지만 속수무책이었다. 어느새 우리 국군은 낙동강까지 후퇴하게 된다.

그러나 1950년 9월 15일 유엔 연합군 사령관인 맥아더 장군은 인천상륙작전을 감행하였고, 동시에 국군과 유엔군도 총공세를 퍼부어 그해 9월 28일에는 드디어 빼앗긴 수도 서울을 탈환하기에 이른다.

그 후 파죽지세로 진격한 우리 국군과 유엔 연합군은 북진에 북진을 거듭해 압록강까지 진격해서 계속해 통일을 눈앞에 두는듯했다. 그러나 금방 끝날 것 같은 전쟁은 예상외로 오래갔다. 통일을 눈앞에 두었던 유엔군은 그해 10월 말부터 중공의 갑작스러운 대규모 중공군의 투입으로 인해 밀리기 시작한다. 그해 겨울은 유난히 추웠다. 중공군 투입은 점차 늘어나 전쟁이 끝날 무렵에는 100만 명이 훨씬 넘었다.

한해를 넘긴 신년 초인 1951년 1월 4일 치욕적인 후퇴를 하게 되고 다시 서울이 함락된다. 국군과 유엔군은 또다시 남으로 후퇴하게 된다. 많은 사람이 우리 국군을 따라 다시 피난길에 올랐지만, 이 동네 사람들 대부분은 마을 뒷산 동굴로 숨어들었다. 밤이면 도둑고양이처럼 살금살금 마을로 내려와 옷가지며 먹을 것을 챙기곤 했다. 그러나 결국 오래 가지는 못했다. 모든 것이 부족하여지자 마을 사람들과 피난 갔던 사람들이 마을로 찾아들었다. 농사를 짓기 위해서다. 그러나 젊은 청, 장년들은 동굴이나 토굴 같은 곳에 숨어 지내야 했다. 빨갱이 괴뢰군들이 어깨에 총을 멜 정도의 힘만 있으면 막무가내로 인민군으로 끌고 갔기 때문이다.

엄마도 낮에는 여느 아낙들과 같이 농사를 짓곤 하지만 밤이 되면 빨갱이 괴뢰군들의 눈을 피해 옷가지며 먹을 것을 싸서 뒷산 동굴을 다녀오곤 했다. 그러나 종수는 마을 뒷산에 천연의 요새가 있다는 것을 전쟁이 다 끝나가도록 모르고 있었다. 평화롭던 동네에 빨갱이 괴뢰군들이 들어오고부터는 먹을 것 입을 것 하나 남기지 않고 약탈해갔다. 반항하거나 거부하면 그냥 그대로 곧바로 총살이다.

"뭣들 하나? 한 톨도 남김없이 공출로 하란 말이다."

"한 톨도 남김없이 공출로 내면 우리는 뭘 먹고 삽니꺼?"

"무시기, 이 동무 갓나 새끼! 반동으로 처형당하고 싶나?"

"……"

"공출로 낸 동무는 마을 입구 앞으로 배급 타러 나오란 말이다."

그랬다. 모든 곡식을 일일이 한 알 한 알씩 셀 정도로 지독하리만큼 공출해간다. 그리고는 배급은 쥐 오줌만큼이나 적게 준다. 마을 사람들의 불만이 이만저만이 아니지만, 누구 하나 내색하는 사람이 없다 아니 있을 수 없다. 일본놈들이 물러난 지 몇 해되지도 않아서 언제 끝날지도 모를 지긋지긋하고도 치기 떨리는 생활이 또다시 시작된 것이다. 잠시도 쉴 틈을 주지 않고 일을 시킨다. 마을이 빨갱이들의 손아귀에 들어간 지도 어언 2년 반이 되어갈 즈음이다. 마을 사람들의 고충은 이루 말할 수가 없다. 초근목피로 연명하며 내가 지은 농사도 내 마음대로 할 수 없는 세상이다. 그러나 전쟁은 다시 역전되기 시작했다. 동네 사람들이 웅성웅성하기 시작한다.

"아지매! 뭔, 일인교?"

"아! 글쎄, 시방 전쟁이 막바지로 치닫고 있다 카네."

"야~아? 그 말이 참말인교?"

"저 악랄한 빨갱이 놈들 금방 쫓겨 갈 거라는 소문이 파다하던데 니는 못 들었노?"

"못 들었습니더. 그나저나 참 잘 되…….."

말이 끝나기도 전에 쉿! 하며 오른손 검지를 입술로 갖다 댄다. 옆구리에 권총을 차고 누런 모자에 붉은 줄을 그은 황토색 군복을 입은 빨갱이 한 명이 눈알을 부라리며 다가온다.

"동무들! 이곳에 모여 무슨 작당을 하고 있나?"

섬찟, 기겁하고 놀란 동네 사람들은 재빨리 뿔뿔이 흩어진다. 동네 사람들의 수군거림처럼 전쟁의 상황이 빨갱이들에게는 심각하게 전개되고 있었다. 밤낮으로 폭격하는 미군 전투기는 밤에는 더 요란하게 포탄을 퍼붓는다.

쌔~ 애~ 액~ 츠~ 르~ 르~ 르~ 르~

콰-콩!

빨갱이들도 최후의 발악인 듯 허공을 향해 대공사격을 난사하고 있다. 그러나 역부족인 것을 잘 알고 있는 듯하다. 이때부터 빨갱이들의 만행은 더욱더 극에 달한다.

실제로 빨갱이들은 북으로 퇴각하면서 수많은 부녀자를 겁탈하거나 남녀노소를 한군데 모아 총살 후 매장하는 만행도 서슴없이 저지르곤 했다. 면에서 얼마 떨어지지 않은 용머리 마을 주민은 한날한시에 몰살당하는 참사도 당했다. 그뿐만 아니라 어느 마을은 우물에다 산사람을 넣고 그 위에는 기왓장이나 돌을, 또 그 위에다가 산 사람을 또 그 위에는 돌과 흙을……. 이렇게 시루떡 찌듯 사람들을 아무렇지도 않게 죽였다는 소문도 파다했다. 북한 빨갱이 괴뢰군들의 악랄한 만행은 그야말로 극에 달했다. 동네 사람들도 연일 밤낮으로 퍼붓는 폭격기 때문에 다시 마을 뒷산 동굴로 대충 비상식량만 챙긴 채 숨어든다. 그러다가 양식이 떨어지거나 옷가지가 필요하면 밤에 몰래 내려와 챙겨가곤 한다. 엄마도 아버지와 함께 두 돌이 갓 지난 큰형을 품에 안고 뒷산 동굴로 몸을 피했다.
　챠르르~ 챠르르~
　쌔 앵 -액!
　요란한 굉음을 내며 폭격을 가하는 비행기 소리에 고막이 찢어질 지경이다. 빨갱이 괴뢰군들이 가장 무서워하는 것도 잠자리라 불리는 미군 전투기다. 며칠째 퍼붓던 폭격이 어제와 오늘은 조금 잠잠하다 그 틈을 타서 엄마는 미숫가루를 가지러 왔다가 빨갱이 괴뢰군에게 들킨 것이다.

　엄마가 끌려간 곳은 앞산과 앞산 사이에 계곡진 골짜기였다. 이미 그곳에는 이미 동네 사람들 스무 명쯤 끌려와 웅성거리고 있다. 대부분이 아낙네들이다. 황토색 군복을 입은 빨갱이 괴뢰군들이 여럿이 있었고 그중 가장 계급이 높은 듯한 괴뢰군이 한 사람 한 사람씩 좌우로 가르고 있다. 아니 정확히 말하면 그 옆에 서 있는 이제 스무 살 갓 넘은 듯한 빨간 완장 찬 종수라는 청년에 의해 편이 갈리고 있다.
　종수라는 청년은 다섯 살 되던 해 이 동네로 이사를 왔다. 종수 아버지는 이사 오자마자 일본놈들을 등에 업고 마을 사람들을 숱하게 괴롭혔다. 앳된 여자아이들은 물론 아녀자들까지도 잡아다가 일본군들의 성노예로 넘기곤 했다. 마을 사람들은 그 무시무시한 일본 순사들 때문에 종수 아버지를 어찌해볼 도리가 없었다. 그러나 그것도 잠시 조국이 해방되자 종수 아버지는 동네 사람들의 죽창에 의해 찔려 죽었다. 그때 종수 나이 열다섯이었고 아버지가 죽창에 찔려 무참히 죽는 것을 지켜봤다. 그 후 종수는 동네에서 자취를 감추었다가 전쟁이 터지자 다시 이 마을로 들어온 것이다. 종수가 빨갱이가 되어 마을 사람들을 마구잡이로 잡아간다는 말은 들었다. 엄마도 종수를 여러 차례 본적은 있지만 붉은 완장 찬 종수의 두 눈에서 뿜어져 나오는 살기등등한 종수는 처음 본 것이다. 엄마뿐만 아니라 마을 사람들도 살기에 찬 종수의 핏기 서린 두 눈을 보자 겁에 잔뜩 질린 채 벌벌벌 떤다.

"이 동무는 어느 쪽이오?"

종수는 입가에 음흉한 웃음을 띤다.

"소좌 동무, 이년도 반동분자입니더."

아! 그토록 무섭다는 인민재판을 받는 마을 사람들, 마을 단위로 인민위원회와 보위대가 조직되었고 주민들의 신고나 사전 명단에 의해 체포해 갔다. 그러나 이 마을은 누가 누구를 신고하거나 고발하지는 않았다. 특히 마을 사람들은 누구보다 종수 눈에 띄지 않게 애를 썼다.

"동무도 저쪽으로 가라우."

한쪽에는 이미 열 대여섯 명이 가 있고 일본 강점기에 종수 아버지와 함께 친일 행각을 벌였던 용주댁 아주머니 혼자만 오른쪽에 가 있다.

"자, 다음."

역시 빨간 완장의 종수는 예외 없이 왼쪽으로 보낸다.

"다음. 날래날래 오라우."

"......"

"자, 다음."

엄마 차례다. 엄마는 주춤주춤한다.

"여성 동무! 동무 남편은 남조선 인민해방을 위해 인민군에 들어갔다고 아니 했소?"

엄마는 움찔했다. 아버지는 지금 뒷산 동굴에 어린 애기와 함께 숨어 있다. 잠시 대답이 없자 다시 다그친다.

"왜, 대답이 없소?"

엄마는 떨리는 가슴을 진정시키며 모깃소리만 하게 겨우 대답을 한다.

"예, 맞심더."

"아주 훌륭한 남성 동무를 두었소. 동무는 오른쪽으로 가시기요."

오른쪽이 안전하다는 것을 직감할 수 있었다. 속으로 길게 안도의 한숨을 쉬며 갓 잡아 올린 싱싱한 생선보다 더 팔딱거리는 심장을 진정시키며 오른쪽으로 가기 위해 한 발을 내디디려 할 찰라. 지옥에서나 들어 볼 듯한 웃음소리가 발걸음을 멈추게 한다. 종수의 목소리다. 친일 행각으로 동네 사람들에게 맞아 죽은 종수 아버지인 그의 아들인 종수다. 아버지가 죽는 모습을 눈앞에서 보면서 이 마을에서 쫓겨 난 종수다. 종수는 언젠가 꼭 복수하겠다고 결심을 하고 동네를 떠났던 종수가 이곳에 나타난 것이다. 동네 사람들은 치를 떨었지만, 감히 누구 하나 입도 벙긋 못했다.

"여성 동무! 아니 아지매! 내 얼굴 좀 보소. 내를 벌써 이자뿌쏘?"

엄마는 움찔했다.

"조, 종,수 아이가? 내 우예, 니를 잊었겠노?"

"그라모, 내 아부지가 우째 죽었는지도……."

"그, 그건."

종수는 빨갱이 괴뢰군을 향해 목소리를 높인다.

"소좌 동무 이년이 가장 악질 반동분자입니더."

"무시기? 이 반동분자 년이 어디서 감히 거짓부렁을……."

말을 마치기도 전에 뺨을 후려친다.

좌 -아- 악!

"아-악."

입에서는 시뻘건 피가 분수처럼 쏟아져 나온다.

순간 엄마는 분노에 찬 눈빛으로 종수와 빨갱이 괴뢰군을 날카롭게 쏘아 본다.

"종수 이눔아! 니 애비의 만행을 우예 말로 다 하겠노? 니 애비는 죽창에 찔려 죽은 것도 아깝데이. 사지를 찢겨 죽는 것도 골백번은 더해야 되는 기라."

옆에서 듣고 있던 종수가 분을 참지 못하고 엄마의 머리채를 후려잡는다.

"이 년이 죽고 싶어 환장 했구만."

그러면서 한 손으로 목젖을 후려치려는 찰라. 빨갱이 괴뢰군 소리가 들려온다.

"동무! 그만 하라우. 시간 없다."

종수는 그제야 씩씩거리며 휘어잡은 머리채를 뿌리친다.

"동무들 빨리 집행하시오."

"옛! 소좌 동무. 잘 알겠습네다."

조금 전 엄마를 끌고 온 빨갱이 괴뢰군이 따발총을 들고 있는 다른 빨갱이 괴뢰군에게 명령한다.

왼쪽에 서 있던 동네 사람들은 순간적으로 지금이 생의 마지막

임을 직감했다.

 그러나 지푸라기라도 잡는 심정으로 모두가 납작 엎드려 각자 산골짜기 위로 후다닥 기어오르기 시작한다. 그러나 그것은 마음뿐이었다. 뒤쪽은 험준한 바위로 되어있는 탓에 어찌해 볼 도리가 없다. 아무리 기어도 제자리일 뿐이다. 조금 기어오르면 주르르 미끄러져 내려온다. 엄마도 엎드려만 있을 뿐, 이미 모든 것을 포기하고 두 눈을 지그시 감았다.

 엄마 나이 이제 겨우 스물여덟, 길지 않은 지난날의 삶이 주마등처럼 스치고 지나간다.

 서럽고 억울했던 지난날에 대한 보상은커녕 한 많은 이 세상을 하직할 생각을 하니 자신의 신세가 처량하기 그지없었다. 두 눈에서는 그저 눈물만이 하염없이 흘러내린다. 무엇보다도 두 돌 백이 아기가 눈에 밟히고 아롱거려 견딜 수가 없다. 엄마는 다시 두 눈을 꼭 감는다.

 '성호 아부지! 우예든동 우리 성호 잘 부탁 합니데이. 성호는 고뿔이 잘 걸…….'

 그러나 빨갱이의 다음 명령이 짐짓 정신을 차리게 한다. 그러나 변한 것은 아무것도 없다. 엄마는 모든 것을 포기한다.

 "거총."

 소좌 빨갱이의 말이 떨어지자 괴뢰군 여섯 명이 일제히 사격 자세를 취한다.

 "사격 준비!"

 철거덕, 철컥.

 "사격개시."

 말이 떨어지기가 무섭게 콩 튀는 듯한 총소리가 고막을 찢을 듯

한다.

뚜뚜뚜두두~

슈-아앙~

꽝카르르르쾅~

이어서 들려오는 처절한 비명소리.

"으~ 아~ 아~ 악."

"크~ 으윽."

"아~ 악!"

엄마는 최대한으로 납작 엎드린 채로 정신을 차리고 얼굴을 꼬집어본다. 아직은 살아있다. 다시 들려오는 포탄 터지는 소리와 처절한 절규의 비명

쌔애-액~

슈유유웅 콰쾅!

"아~ 악."

사지가 찢기고 피가 허공에 뿌려진다. 미 공군기의 습격이다. 빨갱이 괴뢰군이 무고한 마을 사람들에게 방아쇠를 당기려 할 찰라. 미 공군기가 빛보다 빠른 속도로 지나가면서 빨갱이들을 향해 융단 폭격을 퍼부었던 것이다. 덕분에 30여 미터 떨어진 곳에 웅크리고 있던 엄마를 비롯한 마을 사람들 대부분이 무사했다.

반면에 혼비백산 되어 사방으로 흩어지던 빨갱이 괴뢰군들은 거의 즉사했고 종수를 비롯해 살아남은 두어 명의 빨갱이 괴뢰군도 몰골이 말이 아니다. 팔이나 다리가 찢겨 나갔고 한 명은 복부가 터져서 내장이 흘러나온 채로 극심한 고통의 신음소리를 내며 죽어가고 있다. 종수도 예외는 아니다. 오른쪽 다리가 절단되었고 등과 옆구리에는 푸줏간에서 사용하는 비수보다 더 날카로운 파편이

깊이 박혀있다. 종수는 피를 토하며 오른팔을 허공에 허우적거리며 애타게 구원의 손길을 기다리고 있지만, 누구 하나 눈길을 주지 않는다. 비를 쏟아내듯 퍼붓던 미 공군기의 폭격기가 물러가자 주위가 조용해진다.

"휴! 인제 살았데이."

누군가 내뱉는 말에 그제야 마을 사람들은 고개를 쳐들고 안도의 한숨을 내쉰다. 엄마도 고개를 들어 주위를 살펴본다. 대여 섯 발걸음쯤 떨어진 길섶에 머리에 피를 흘리며 쓰러져있는 강숙이 엄마가 보인다. 엄마는 재빠르게 다가가 일으켜 세우며 다급히 외친다.

"아, 아지매요. 저, 정신 좀 차리소."

그제야 마을 사람들이 우르르 몰려온다.

"아지매, 괜찮은교?"

"퍼뜩 업히소."

업고 안고 부축하며 마을로 들어오다 말고 살기 위해 안간힘을 쓰고 있는 종수를 발견한다.

순간 분노에 눈이 뒤집힌 몇몇이 종수한테로 달려간다.

"으~ 으~ 으! 사 살려……."

순간, 엄마가 미처 말릴 새도 없이

퍼-억!

"으~아! 아-악!"

하는 수박 깨지는 듯한 투박한 소리가 들리는가 싶더니 처절한 비명 소리가 앞산 골짜기 능선 위를 타오르는 저녁놀과 함께 영원히 돌아오지 못할 그곳으로 너울너울 울려 퍼진다.

그날 이후 엄마는 뒷산 깊숙한 동굴에서 한 발짝도 나오지 않았다. 물론 이 동굴에는 마을 사람들 몇몇과 함께 공동으로 생활한다, 빨갱이들에게 잡혀 죽을 고비를 넘기며 겨우겨우 버티던 보릿가루도 어느덧 바닥이 났다.

"성호 어무이! 내 나가서 먹을 것 좀 구해 볼 테니 꼼짝하지 말고 있으소"

"성호 아부지! 쪼매 더 참아보면 안 되겠심니꺼?"

자라 보고 놀란 가슴, 솥뚜껑 보고 놀란다는 말이 있듯이 엄마는 깜짝 놀라며 조금 더 앞으로 바짝 다가앉는다. 혼인을 치르고 얼마 되지 않아서 아버지가 왜놈들에게 강제로 징용에 끌려갔던 기억이 아직도 생생하기 때문이다.

동네 사람들 몇몇이 애호박이나 감자 등을 몇 알씩 들고는 호흡을 가쁘게 몰아쉬며 급히 동굴로 들어온다.

"아지매들~ 기쁜 소식을 안고 왔심더."

초조한 마음으로 기다리던 동굴 안 사람들은 일제히 걱정스러운 표정을 짓는다. 성격 급한 강국이 엄마가 입을 연다. 머리는 긴 헝겊으로 칭칭 감은 상태 그대로다.

"아제! 무슨 좋은 소식인지 퍼뜩 말해 보소."

"그, 그게 말입니더. 아지매들 놀라지 마시소."

"뭡니꺼? 빨갱이 놈들이 물러나기라도 했답니꺼?"

잠시 뜸을 들이다 말고 만연에 화색을 띠며 들고 있던 몇 알의 감자를 허공으로 집어 던지며 큰소리로 외친다.

"맞심더. 빨갱이들이 우리 국군과 미군에 대패해서 줄행랑을 했답니더. 아지매들~ 기뻐하이소."

"뭐라꼬예? 그 말이 참말인교?"

"하모요. 참말입니더. 이제 우리는 살았심더."

"와~아! 대한민국 만세! 만세다."

누가 먼저 선창했는지 모르지만, 선창에 이어 일사불란하게 재창을 한다.

"대한민국 만세다. 대한민국 만세. 대한민국 만세.! 만세! 만만세!"

각기 저마다 숨어 있던 마을 사람들도 뛰어나오며 이곳저곳에서 들려오는 만세 소리가 타들어 가는 초여름의 저녁놀과 함께 산마루를 타고 흐른다. 그날 저녁은 몇 개의 감자와 얼마 되지 않은 호박죽으로 때웠지만, 전혀 배고프지가 않았다.

그 지긋지긋한 빨갱이들의 만행에서 벗어났다고 생각하니 며칠 몇 날을 더 굶어도 배가 부를 듯하다.

그로부터 한 달 보름 후 정전을 알리는 사이렌 소리가 방방곡곡에 울려 퍼진다. 1953년 7월 27일 휴전협정이 체결되고 3년여에 걸친 한국전쟁은 휴전 상태에 돌입한다.

전 국토가 폐허가 된 마당에 이 동네라고 온전할 리 없었다. 동네 사람들의 기쁨도 잠시 전쟁 뒤에 따라오는 참상은 그야말로 비참하게 변해 있다. 엄마는 돈 항아리를 묻어놓은 뒤꼍으로 급히 달려간다. 돈 항아리를 파서 들고 다닐 수도 없고 또한 큰엄마에게 들키는 날에는 다 빼앗길 것이 분명하기에 오히려 묻어 두는 것이 훨씬 안전해 보였다.

그러나 그것은 바램일 뿐 그곳은 이미 흔적 없이 날아가 잿더미로 변해 있었다. 허탈했다. 엄마는 그 자리에 털썩 주저앉고 만다. 아버지는 모든 것을 포기한 엄마에게 다가가서 가만히 어깨를 감

싼다.

"여보! 쿨룩~ 내가 이리 건강하니 돈은 또 벌면 안되나? 쿨룩."

아버지는 일본 탄광에서 벌어온 그 많은 돈은 큰집에 다 빼앗겨 빈털터리가 되었을 뿐만 아니라 정선 탄광에서 조금 벌어온 돈 또한 전쟁통에 잿더미로 날렸으니 남은 것은 진폐증으로 인한 악화한 건강뿐이었다.

엄마는 측은한 눈으로 아버지를 올려다본다.

헌시

아! 6.25

총탄은
폐허의 흔적을 남기고

가슴엔
이산의 아픔만 남았네

이미 식어버린
작은 주먹밥 한 덩이는
주인을 기다리다 잠이 들었고

피 물든 강물도
아버지를 향한 기다림인가?

아무 말 없이
그날에 멈춰 서 있네

제 6 회
탈 상

전쟁이 끝난 후에 아버지는 정선 탄광에도 갈 수 없었다. 온 나라가 폐허가 된 관계로 아버지가 일하던 탄광도 무너져 버린 것이다. 아버지와 엄마는 큰집 일에 매일 수밖에 없었다. 그러다 보니 다시 하루하루를 풀죽으로 연명할 수밖에 없었다. 물론 큰집은 밥술이나 먹고 살았지만, 품삯 한 푼 받지 못하고 죽으라고 큰집 일만 하다 보니 풀죽도 못 먹을 지경이었다. 보다 못한 엄마는 아버지를 달래어 함께 이웃 마을로 이사를 온다.

큰집과는 아니 정확히 말하면 큰엄마와는 도저히 한동네에서 함께 살 수가 없다며 엄마가 우기고 우겨서 옆 동네로 이사를 온 것이다. 탄광이 조금 복구되었다는 소식에 다시 탄광으로 가려고 하는 아버지를 엄마가 극구 말려서 못 가게 했다. 이유는 생과부로 사는 것이 서럽고 서러웠지만, 탄광을 다녀온 후 겨울이건 여름이든 더욱 쿨룩쿨룩 기침이 심했기에 무엇보다도 건강이 걱정되었기 때문이다.

아버지는 새 동네로 이사 온 후로도 쉬지 않고 일을 한다. 물론 엄마도 쉬운 일 어려운 일 가리지 않고 품을 팔았다 그러는 사이에 자식들이 줄줄이 태어나기 시작한다. 물론 큰형은 전쟁 전에 태어났고 둘째 형은 전쟁이 막 끝나는 해에 태어났다. 나이 터울이 많이 난 탓에 형이 동생을, 그 동생이 또 아래 동생을 키우다시피 한다.

엄마는 늘 큰 집 일을 해 주지만 큰엄마는 보리쌀 한 뒷박도 변변히 주지 않는다. 무슨 큰일을 치르거나 할 때는 큰집에서 온종일 살다시피 일을 한다. 그때에는 밀가루 두어 바가지 받아 가지고 온다. 겨울을 나기 위해서는 장래 쌀을 낼 수밖에 없다.

이웃 동네로 이사 온 아버지는 곧바로 남의 집 논밭 두어 뙈기를 도지를 주고 일군다. 그러나 그마저 소작료로 나가고 장래 쌀을 갚고 나면 추운 겨울과 힘든 보릿고개를 넘기 위해서는 또다시 장래 쌀을 가져와야 한다. 대부분의 사람들은 농한기에 주막이나 투전판으로 나돌지만, 엄마와 아버지는 잠시도 쉬지 않고 가마니를 짜서 내다 판다.

밤늦도록 가마니를 짠 후 막걸리 한 잔을 데워 마시는 것이 낙이라면 낙이었다. 그리고 봄이 되면 다시 남의 집 일꾼으로 간다. 아무리 개미처럼 일해도 다람쥐 쳇바퀴 돌 듯 형편은 도무지 나아지지 않는다. 또 이때쯤 막냇동생인 진호가 마침내 세상과 인연을 맺는다.

"우리 아가가 복덩이네. 오금팽이에 점이 있는 걸 보니……."

"그런 갑네! 쿠~ 울 ~룩! 당신 수고 많았소."

정말로 복덩인지 차츰차츰 살림이 불어나기 시작한다. 얼마 안 되는 것이지만, 기름진 작은 밭도 샀다. 난생처음으로 내 땅 우리 땅을 손에 넣었다.

"성호 아부지! 이게 꿈입니꺼? 아니면 생시입니꺼? 한번 꼬집어 보이소."

아버지는 빙그레 웃으며 엄마의 두 손을 덥석 잡는다.

"쿨룩~ 그, 그렇게 좋소?"

엄마는 한 손을 슬쩍 빼며 들고 있던 땅문서를 높이 들어 이리저리 흔들며 기뻐 어쩔 줄을 모른다.

"하모요. 좋고말고요. 그라모, 성호 아부지는 안좋습니꺼?"

"허! 허! 쿨룩쿨룩~ 그럴 리가 있겠소. 내도 억수로 좋소."

고생한 보람이 찾아오자 피곤함은 물론 그동안 큰엄마에게 받은 고통과 서러움도 일 순간에 날아갔다.

"호! 호! 호! 그동안 성호 아부지, 고상 많았십니더."

"허! 허! 허! 내가 뭘 한 게 있다고…….쿠울~ 룩."

호사다마라 했던가?

그즈음에 결국 아버지는 진폐증이 악화하여 폐가 점점 굳어지는 특발성 폐섬유화로 발전되었다. 그 진행속도 또한 빨랐다. 도립병원에서는 특발성 폐섬유화를 맹장염이라고 오진을 하는 바람에 제대로 치료도 한 번 못 하고 애꿎은 맹장 수술만 두 번 했다. 결국, 병원 신세 1년 만에 세상을 하직한다. 나이 마흔여덟이라는 많지 않은 나이에.

아버지가 세상을 떠난 지도 어느덧 4년이란 세월이 흘렀다. 아버지가 세상을 떠나자 집안이 조금씩 일어나다 말고 다시 폭삭 고꾸라진다. 한번 찌그러진 형편은 좀처럼 나아질 기미가 보이지 않는다. 엄마는 여전히 남의 집 품팔이를 하거나 김장철에는 옹기를 떼어다 팔았고, 겨울 설 명절이 다가오면 건어물 장사를 하곤 했다. 큰형은 다니던 술 공장이 문을 닫게 되자 집으로 들어와 집안일을 돌보며 틈이 나는 대로 남의 집 품을 팔았다. 고모할머니 댁 비단가게에서 점원 일을 하는 작은형은 나중에 가게를 차려 준다는 달콤한 말에 꾀어 돈 한 푼 받지 못했고 자고 먹여 주는 정도였다. 아침에 별을 보고 일을 나갔고, 저녁에는 자정이 더 되어서야 퇴근했다.

물론 그 후에 고모할머니가 돌아가심으로써 그 약속은 지켜지지 않았고 돈 한 푼 받지 못한 채 젊은 청춘을 그곳에서 다 보낸 작은 형은 눈물을 뿌리며 그곳을 나오게 된다.

엄마와 큰 형이 죽으라고 품팔이해도 아버지가 안고 간 빚이 좀처럼 줄어들 기미는 보이지 않는다.

아버지가 돌아가시기 전 엄마와 피땀 일궈 마련한 두 마지기 반짜리 밭은 큰집 몫이 되었다.

아버지가 돌아가시기 전 병원비 일부를 대납했다는 명분으로 말이다. 병원비는 큰형이 벌어오는 돈으로 대부분 지불했음에도 불구하고 말이다. 난 큰집의 악독함을 잊을 수가 없다.

아버지가 일본에서 벌어온 돈으로 집안을 번듯하게 일으켜 세웠고 엄마를 종보다 더 심하게 부렸던 큰집, 그런데도 겨우 있던 밭 두 마지기 반짜리도 빼앗아간 것이다.

나도 어느덧 졸업반인 6학년 2학기가 되었다. 그사이 엄마와 큰형이 쉬지 않고 죽어라 일한 덕분에 아버지가 두고 간 그 많은 빚을 겨우겨우 다 갚았다. 둘째 형은 고모할머니 비단가게에서 지금까지 무임금으로 일하고 있었던 탓에 빚을 갚는 데 도움을 줄 수는 없었지만, 마음은 늘 함께했다. 이날은 아주 특별한 날이다.

"명호 어머니! 명호 중학교만이라도 보내야 사람 구실 합니다. 힘드시더라도 꼭 진학시켜 주세요."

담임선생님은 엄마를 불러서 나에 대한 진학 상담을 하고 있다. 그러나 아버지가 세상을 떠날 때 남기고 간 빚을 엄마와 큰형이 몇 년에 걸쳐 겨우 다 갚기는 했지만 기울어졌던 가세는 좀처럼 나아지지 않았기에 중학교 진학은 엄두도 못 냈다. 물론 촌 동네에서 진학하는 학생은 몇 명 되지 않았다. 초등학교 졸업 후 도회지에 있는 공장으로 가거나 아니면 시골에 그대로 눌러앉아 농사를 짓는 아이들이 대부분이다.

"안됩니더. 선상님! 지도 와 안 보내고 싶겠습니꺼? 집안이 이래 어려우니, 야는 졸업하고 공장에 가야 합니더."

"휴~ 그래도 깊이 한번 생각해 보세요. 명호 어머니."

"예! 선상님. 생각은 해 보겠지만 뭐! 뭐, 형편이 이래가 못 보냅니더."

담임선생님의 간곡한 부탁에도 엄마는 가정 형편이라는 조건 때문에 거절하고 만다. 어느 부모가 자식을 가르치고 싶지 않은 부모가 있으랴. 엄마도 같은 마음이었겠지만 못 해주는 엄마의 심정 알고도 남았다. 엄마는 죄책감에 시달려 밤마다 우시는 것 같았다.

시간은 흘러 흘러 중학교 입학 원서접수 기간도 지났고 급기야 겨울방학이 다가왔다. 이 겨울방학이 지나면 졸업이다. 졸업 후면 좋든 싫든 입을 하나 덜기 위해서라도 난 공장으로 가야만 한다. 나는 슬펐다. 6년 내내 늘 1, 2등을 다투던 나와 연홍이, 연홍이는 상급학교로, 나는 공장으로, 어린 나이지만 이렇게 운명이 갈리는 것이 무척 슬펐다.

방학을 며칠 앞둔 어느 날, 둘째 형으로부터 급한 등기우편이 날아왔다.

내용은 나를 작은형이 있는 대도시인 대전으로 보내라는 것이다. 비록 중학교 입학 원서접수 기간은 지났지만 딱한 사정을 들은 교육청에서 입학 원서접수를 추가로 접수해 주겠다고 약속을 한 것이다. 그래도 엄마는 쉽게 결정할 수가 없었다. 너무나 찢어지게 가난했기에…….

이 사실을 안 담임선생님은 엄마를 다시 한번 끈질기게 설득한다. 그 결과 결국 엄마는 무너지고 만다. 옆에서 듣고 있던 나도 남들처럼 검정 교복에 교모를 입을 수 있다는 생각에 뛸 듯이 기뻤다. 곧바로 전학 갈 날짜도 잡았다.

이 시기쯤에 찢어지게 가난했던 우리나라에도

잘살아 보세.
잘살아 보세.
우리도 한번 잘살아 보세.

새벽종이 울렸네. 새 아침이 밝았네.
너도, 나도 일어나 새마을을 만드세.
살기 좋은 내 마을 우리 힘으로 만드세.

노래와 함께 전국 방방곡곡으로 새마을 운동이 전국으로 퍼져나갔다. 그뿐만 아니라 산업화 바람이 불면서 이곳저곳에 공업단지가 들어서기 시작한다. 농한기만 되면 노름에 술로 겨울을 지내던 동네 어른들도 가마니를 짜든가 아니면 스스로 일을 찾아 자율적으로 움직이기 시작한다.

나는 상급학교로 진학할 수 있어서 무척 기뻤지만, 한편으로는 비록 시골의 작은 학교지만 정이 들었던 교정과 선생님들 그리고 친구들과 헤어질 생각을 하니 시무룩해진다. 무엇보다도 앞가슴에 작은 손수건을 달고 함께 입학한 후 6년 동안 늘 함께했던 연홍이와 헤어질 생각을 하니 더욱 시무룩해질 수밖에 없었다. 6학년이 되면서 가끔 연홍이의 얼굴이 스치고 지나가곤 했다. 그럴 때마다 얼굴이 화끈거렸다.

'내가 왜 이러지?'

울긋불긋한 단풍으로 인해 열두 폭의 병풍으로 둘러싸인 듯한 낙동강, 한 폭의 동양화를 연상케 하던 가을도 떠나고 어느덧 12월 중순을 지나고 있다. 이제 며칠 있으면 방학이다. 방학이 되기 전에 난 상급학교로 진학할 도회지로 전학을 가야 한다. 생각이 여기까지 미치자 머릿속이 복잡해진다.

연홍이 때문이다. 전학 가기 전에 연홍이를 만나 무슨 말이든 해야 할 것 같았다. 난 이날도 학교를 파하고 4학년이 된 동생 미란이와 2학년인 막냇동생 진호의 손을 잡고 집 앞 사립문을 밀치며 막 들어갈 찰나. 철커덕! 철커덕! 하는 자전거 페달 밟는 소리와 함께 귀에 익은 음성이 들린다.

"안녕."

다름 아닌 장서기의 딸인 장연홍이다. 매일매일 볼 때는 몰랐는데 막상 며칠 후에 헤어져야 한다고 생각하니 다시 보였다.

이뻤다. 6학년이지만 조금 성숙했던 연홍이가 이제는 제법 성숙한 소녀티가 났다. 길게 늘어뜨린 갈색 머릿결은 지는 저녁노을과 어우러져 무척 아름답게 반짝인다.

나도 모르게 가볍게 손을 흔들었고, 연홍이가 나를 쳐다보는 순간, 내 가슴은 걷잡을 수 없이 쿵쾅거리기 시작했다. 자전거를 탄

연홍이가 사라진 뒤에도 한동안 멍하니 바라보고 있자, 미란이가 옆구리를 꾹 찌른다.

"뭐하노? 안 들어가고……."

'휴! 내가 왜 이러지?'

"오빠야! 와 그러노? 혹시 연홍이 언니 때문에 그라노?"

나는 도둑질 하다가 들킨 사람처럼 화들짝 놀라며 급히 손사래를 쳤다.

"아이다."

미란이가 헤! 헤! 헤! 웃는다.

"맞구나. 히! 히! 히! 얼굴이 빨개지는데 뭘."

미란이의 말에 더욱 얼굴이 화끈 달아오른다.

"내, 내 얼굴이 뭐가 어떻다 그라노?"

"괘안데이. 내한테는 말해도 된다. 오빠야! 연홍이 언니 좋아하나?"

"그런 말이 어디 있노?"

"킥! 킥! 오빠야는 그전부터 연홍이 언니와 무척 안 친했나?"

나는 더는 변명 거리도 찾지 못하고 인정도 부정도 하지 않고 머리만 긁적거렸다. 난 책보를 아무렇게나 집어 던지고 머리도 식힐 겸 오랜만에 집 앞 낙동강 변을 걷기로 했다. 그러나 그것은 핑계일 뿐 조금 전 생글거리며 지나가던 연홍이의 모습이 머리에서 좀처럼 지워지지 않았기 때문이다.

어느덧 서리가 내리는 늦가을이 찾아왔다. 오늘따라 포근하다. 한낮에 내리쬐는 뙤약볕에 반짝반짝 빛나는 금모래 빛, 거울보다도 더 맑은 쪽빛 물결 속에서 저녁놀을 향해 무리 지어 튀어 오르는 수많은 은빛 물고기들, 가을이 되면 그 아름다움은 절정을 이룬다. 천길 절벽을 따라 굽이굽이 흐르는 강물 위로 뿜어져 올라오는 운무의 아름다움, 작은 시골 마을을 둘러싼 야트막한 산은 온통 불타는 듯한 단풍이 절경이다.

이곳 낙동강은 아이들의 놀이터인지라 해마다 이곳에서 많은 아이들이 귀중한 생명을 잃곤 한다. 지난여름에는 막냇동생 진호가 급한 물살에 휩싸여 저만치 떠내려가는 것을 뱃사공인 박 씨 아저씨가 재빨리 건져 준 적이 있다.

나는 강변에서 내려와 고운 금가루를 뿌려 놓은 듯한 모래사장을 걸었다. 한참을 걷다 보니 늘 소풍 오던 미루나무 숲에 이르렀다.

"강물아, 너는 흘러 흘러 어디로 가나?"

나는 미루나무 숲은 등지고 앉아서 말없이 어디론가 흘러가는 강물 속으로 조약돌 하나를 던졌다. 퐁! 하는 경쾌하고 청아한 소리와 함께 아주 작은 물방울이 되어 튀어 오른다. 또 하나 던지자 포~퐁! 조금 전보다 더 맑은소리와 함께 동그란 물풍선이 되어 두어 뼘 정도 튀어 오른다. 작고 아름다운 물풍선이 타고 있는 저녁놀에 비치자 비록 겨울이지만 찬란한 무지개가 수 놓인다. 그런데 아름다운 무지개 속에 나타나는 예쁘고 아름다운 얼굴이 보인다. 연홍이다.

'아~.'

6학년이 된 후로는 연홍이를 생각할 때면 얼굴이 화끈거렸다. 지난 6학년 봄 소풍 때 일이다.

"명호야! 니, 아직 보물 못 찾았나?"

"내는 찾는데 소질이 없다, 아이가."

"그래서 안 찾을 끼가?"

"내 안 찾는 게 아니고 못 찾는다 안 캤나?"

"여기 한 장 더 있데이. 이거 니 가져라."

"고맙데이."

늘 이렇게 챙겨주던 연홍이다. 같이 학교에 다니면서 때로는 싸우기도 했지만 서로 챙겨주며 친했던 단짝인 연홍이다.

전학 가면 연홍이를 영영 못 볼 것 같다. 참착한 마음으로 다시 조약돌 하나를 주워 강물로 던지려고 팔을 뒤로 젖혔으나 팔에서 힘이 스르르 빠져나가는 것을 느꼈다.

"명호야! 왜 여기 혼자 나와 있노?"

연홍이다. 내 오른손에 들려있는 조약돌을 빼앗아 대신 던지며 살포시 내 옆에 앉으며 하는 말이다. 다시 보니 연홍이의 모습이 더 예뻤다. 마치 한 마리의 인어를 보는 듯한 착각에 빠지게 했다.

"으~응!"

"춥지 않아?"

"조금."

부잣집 딸답게 늘 검정 구두에 두 갈래로 길게 곱게 땋아 내린 머릿결은 언제나 윤기가 흘렀다. 그러한 연홍이와 단둘이 앉아 있으려니 심장이 갓 잡아 올린 숭어처럼 팔딱거린다.

"왜? 전학 간다고 생각하니 그리 좋나?"

"그래. 좋다. 왜?"

내 마음도 몰라주는 것 같아서 연홍이가 야속스러웠다.

이제 전학 갈 날도 며칠 남지 않았다. 그날도 학교에서 돌아와 책가방을 집어 던지고 시무룩한 표정으로 마루에 걸터앉았다. 요

즘은 겨울이라 땔감 나무하러 가는 일도 드물다. 막상 전학을 가려고 하니 만감이 교차한다.

볼일을 보기 위해 변소로 가는 순간, 뒤꼍에서 두런두런 소리가 들린다. 큰형과 엄마다, 큰형은 짚으로 불을 막 지피고 있었고 엄마는 곱게 싼 하얀 보따리를 풀며 나누는 대화다.

이때, 큰형의 기쁨에 찬 소리가 들린다.

"어무이. 잘 생각하셨심니더. 지가 열심히 일해서 어무이 잘 모시겠심더."

"니! 참말로 괜찮겠노?"

"설마 산 입에 거미줄이야 치겠습니꺼? 명호 전학 보내고 날 풀리면 바로 뒤따라 갑시더."

큰형의 말에 엄마는 길게 한숨을 내 쉰다.

"휴! 우~ 성호, 니 생각이 정 그렇다면, 하긴 강호가 있다캐도 저 어린 명호 혼자 생활해야 할 낀데 그것도 맘에 걸리고…….''

"어무이요. 너무 걱정 마시소. 명호가 총명하고 똑똑하니 뭐든지 잘해 낼 겁니더. 믿읍시더."

"하모! 너그들은 다 똑똑한데 가정 형편이 이렇다 보니 너그들 공부를 못 시켜서 참말로 미안하데이."

엄마는 어느새 눈물을 훔치고 있었다. 큰형은 얼른 두 손을 혼든다.

"어무이, 또 그 말씀입니꺼? 그런 말씀 마이소. 이래 키워 준 은혜 절대 잊지 않겠습니더."

엄마는 고개를 끄덕이며 결심한 듯 목소리에 힘이 들어갔다.

"하모. 내 느그들을 못 믿으면 누굴 믿겠노?"

엄마는 무엇을 결심한 듯 다 낡은 궤짝 같은 장롱에서 꺼내 온

허름하지만 깨끗한 작은 비단 보따리를 큰형 앞에서 푼다.

안에서 나오는 것은 누런색 편지봉투다.

"어무이, 이것은 아버지 편지 아닙니꺼? 저번에 빈소 널 때 함께 보내지 않았습니꺼?"

엄마는 고개를 끄덕인다.

"내 그때는 차마 니 아부지를 마음에서 못 보내 드렸는 기라. 이제 참말로 보내 드릴 때가 되었는갑다."

"어무이, 잘 생각하셨습니다. 이제는 아부지도 편안히 잘 가실 겁니더."

엄마는 대답 대신 풀어진 보따리에서 나온 누런 봉투를 꺼내 활활 타오르는 짚불 더미로 한 장 한 장 던지며 입을 연다.

"성호 아버지요. 이제 편안히 가시소. 이제 미련도 한도 다 가지고 가시소. 지도 이제는 다 놓아 드릴랍니다."

엄마는 마지막까지 소중하게 간직하던 아버지의 손때 묻은 편지마저 버리고 이 정든 고향을 아니, 지독하게도 한이 서린 이곳을 떠나려는 큰 결심을 한 것이다.

우리는 이것이 진정한 탈상이라는 것을 알았다.

아리랑 아리랑 아라리요.
아리랑 고개고개로
나를 넘겨주소.

　누~우 이~이 올라나 비가 올라나 장마가 질라나
앞 남산에 먹장구름 모여모여 든다.
싸리골 올동박이 다 떠내려간다.
떨어진 동박이는 낙엽에나 싸이지.
사시장철 님 그리워 나는 못 살겠네.

하~안 마~느은 이 세상 야속한 님아,
정을 두고 몸만 가니 눈물이 난다.
아무렴 그렇지 그렇고 말고,
한 오백 년 살자는데 웬 성화요.

　처~어 추~우에춘에 짓밟힌 애끓는 사랑
남은 반생을 어느 곳에 다 뜻 붙일꼬.
아무렴 그렇지 그렇고 말고,
한 오~오 배~엔 년 살자는데 웬 성화요.

아버지께 바치는 헌시

아버지의 검은 숨결

깊은 암흑 속에서 햇빛도 없이 일하셨지요
낯선 말과 억압 아래
돌덩이보다 더 무거운 하루하루를 캐셨지요

몸은 젖었고 허파는 까맣게 타들어 가도
당신은 가족의 사랑을 품고
거친 숨을 참고 참으며 또 참아 내셨지요

이제 알았습니다
당신의 기침 속엔
철근보다 단단한 눈물이 있었다는 걸
당신의 마른 어깨 위엔
전쟁보다 더 무서운 생계가 있었다는 걸

어느 날,
당신은 더 이상 눈을 뜨지 않았고
당신의 자리는 하얀 솜이불처럼 조용했습니다

울었습니다
당신의 나이를 훨씬 넘어선 지금에야
당신이 얼마나 힘겹게 참아왔는지를 알았기에

아버지!
이 한 권의 책에 당신의 힘들었던 일생을
다 담지는 못했지만 오늘도 아버지라는 이름을 부르며
이 길고 긴 숨결로 당신의 모습을 그립니다

엄마의 아리랑을
끝까지 애독해 주신 애독자 제위님께 감사드립니다.

끝